JN171596

いつも結果を出す
部下に育てる
フィードフォワード
FEED FORWARD

元外資系エリート
エグゼクティブ専門コーチ
久野和禎
Kazuyoshi Hisano

フォレスト出版

はじめに

未来を意識し、未来に働きかけるだけで、あなたは成果を上げ、幸せになることができます。

本書で紹介する「フィードフォワード」という技法は、誰でも簡単にマスターできるものです。

私はフィードフォワードの効果を、身をもって体験してきました。

きっかけは、いまから10年以上前、脳の専門家である苫米地英人《とまべちひでと》博士に出会い、脳の使い方を深く学んだことです。

家族が病気になり、少しでも改善できないかと医学書を読み漁《あさ》り、どうやら脳について学べば何か対策がありそうだと気がついたことが始まりです。

どうしたら脳について学べるだろうかと調べているうちに、世界的な認知科学者でオウム真理教幹部の洗脳も解いたという苫米地博士の存在を知りました。「ひょっとしたら少しはよくなるかも」という期待を抱いて、私は苫米地博士に弟子入りし、脳と心に関する知識と技術を身につけていきました。そして、その技術を家族の病気に応用していくと、少しずつではありますが、着実によくなっていきました。

家族は、未来を視ることで元気になっていったのです。

「未来を意識し、未来に働きかけることで、私たちは成果を上げ、幸せになっていく」

家族の病気が治ったことでそのことを実感した私は、身につけたことを、当時所属していた会社で、自分の部下に応用してみることにしました。大げさなことではありません。毎月面談をして、

「これからどうしたいですか?」

と聞いて未来を意識してもらうように促しただけです。そして、部下から出てきた「これから○○したい」という考えをベースに、一緒に方向性を決め、サポートしていきました。

未来に目を向けるプロセスで、自然と自分の課題を発見し、改善していくことができたため、部下は皆、ごく自然に成長していきました。部署の活動は活発になり、業績は常にトップクラスになりました。

その後、いくつかの部署で同じことをやってみましたが、営業部門でも管理部門でも、常に私のチームは活性化されました。具体的には、

・チームの雰囲気が明るくなる
・チームワークがよくなる
・仕事が速くなる（生産性が高まり、残業が少なくなる）
・大きな売上を上げられるようになる

というようなことが起こりました。私が自ら実践してきたことが、この本で提示するフィードフォワードの原型です。

この手法は認知科学によって裏付けられたものですが、難しい理論を知る必要はありません。理論に興味がある方、もっと上手にフィードフォワードをしたい方のために、本書の後半では細かい内容にも触れますが、まずは未来を意識し、未来の話をす

るだけでいいと考えてみてください。

本書ではその方法をやさしくお話ししていきます。

本書は2部構成となっており、パート1が「いますぐできるフィードフォワード」、パート2が「上級フォワーダーへの道」となっています。まずはパート1だけ読んでいただければ、フィードフォワードができるようになります。


フィードフォワードの秘密は「未来から考える」ことにあります。

一般的に行われている話し合いが「過去や現状から考え始める」のとは大きく異なります。

多くの企業で取り入れられている「フィードバック」は「過去や現状から考え始める」の典型だと思います。

若い頃、私が転職直後のとき、新しい上司である欧米人の方に、「久野さん、気がついたことがあったらどんどんフィードバックしてほしい。それが自分と組織の向上につながるから」と英語で言われました。

実は、そのときがはじめて「フィードバック」という言葉を耳にし、はじめてその意味を理解した瞬間でした。

同時に、この方は会社の役員だったので「懐が広い人だな」と思いました。まだ若かった私は、その話を真に受けて彼にどんどんフィードバックをしていきました。いつも大変喜ばれ、そのおかげで彼とは大変いい関係を築くことができました。

一方、別の上司との間では苦労もありました。

同じく欧米人で「久野さん、何かアイディアがあったらどんどん伝えてくれ。フィードバックも歓迎だからぜひ聞きたい」と言われました。

ところが、その上司は内心は「フィードバック」を欲してはいなかったようです。言われた通りに積極的にアイディアを提案し、気がついたことを「フィードバック」していったのですが、どうも反応がよくありません。

しばらくしてほかの部門に異動するように指示されました。仕事の成果はとても上がっていたので、外されるのは不自然でした。

おそらく、私がいろいろと言うのがうっとうしかったのだと思います。

自分としては、せっかく頼まれたからいろいろ考えて「フィードバック」をしていたのですが、「フィードバックも歓迎」と言われた言葉を鵜呑《うの》みにしてしまったのがいけなかったのでしょう。

その後、降格までされましたので、よほど気に入らなかったのだと思います。

経験上、「フィードバック」にはプラスの面がある一方、人と人との間で行われることのため、うまくやらないと強烈にマイナスに働くことがあると感じています。多くの場合「フィードバック」には聞きたくない内容も含まれるため、冷静に受け止めるのが難しいのでしょう。


最近、「フィードバック」や1ON1、1to1ミーティングの必要性が声高に叫ばれています。その価値は十分に理解できますが、実際に行うのは簡単ではないので、しっかりと準備をする必要があります。

特に、日本人ははっきり言うのも、はっきり言われるのも苦手で、当然「フィードバック」は苦手です。

ただ、いまお話しした例からもわかるように、日本人だけではなく、欧米人でも「フィードバック」は嫌なようです。

何人かの外国人に聞きましたが、皆、基本的に「フィードバック」は嫌なのだそうです。ただ、嫌だから聞かないということではなく、嫌だけど表面上は平静を装って耳を傾ける、というのが礼儀でもあるようです。

もしかしたら「フィードバック」は、相手が一度は表面的には受け止めてくれるため、本心がわからず、かえって厄介かもしれません。以前、活躍していて将来性もあるのに、なぜか昇進できないな、と思う方がいたのですが、どうもその方が遠い昔に社長（当時は部長）に行ったフィードバックの内容が気に入らなくて、社長がいまも根にもっているようだ、と人事部長から聞いたことがあります。

「フィードバック」はとても難しい技術です。聞き手に「過去に目を向けるように促す」ので、どうしても相手の感情を逆なですることになります。

過去に目を向けると、脳内では過去の体験と、それに伴う情動の記憶が再現されることになり、過去の出来事のリアリティを高めてしまいます。結果として未来に向かう力が損なわれます。

これは認知科学ですでにわかっていることです。

もちろん、「フィードバック」は過去のよいところは伸ばし、必要な改善を行うことで、よりよい未来をつくることを目指しているはずですが、上手に実施するのが難しくて、かえって私たちを過去に縛りつけることが多いのです。

そこで、本書で私が提案するのが「フィードフォワード」です。「フィードフォワード」について、私が考案した定義は次の通りです。

「**過去や現状にとらわれてしまいがちな人に対して、**コミュニケーションや観察を通して相手の状況を把握し、相手に起きている出来事やそれにともなって体験している感情を受け止めたうえで、**その人が自分の未来に意識を向けて行動することができるように促す技術**のこと」

「フィードフォワード」によって、個人も組織も高いパフォーマンスを上げることができるようになります。

本書があなたのすばらしい未来のために、少しでもお役に立てることを心より願っております。

2018年7月

久野　和禎

いつも結果を出す部下に育てるフィードフォワード■目次

第2章 過去に足を引っ張られる日本人

第3章 フィードフォワードの基本

PART II 上級フォワーダーへの道

第4章 レシーバーの抽象度を上げる

第5章 レシーバーのゴールを明確にする

第6章

レシーバーのエフィカシーを高める

PARTⅠではすぐにフィードフォワードができるように、基本的な考え方、実践方法をまとめました。読み終えたらすぐにフィードフォワードを始めることができます。フィードフォワードに内包されている認知科学的な仕組みや、上級テクニックはPARTⅡに譲ります。

PART I

いますぐできるフィードフォワード

第 1 章

フィードフォワードが生んだ奇跡

1 一流アスリートはフィードフォワード思考

なでしこジャパンW杯制覇とフィードフォワード思考

過去や現在よりも未来に目を向ける。

そして、その未来に働きかける。

そうすることでより多くの価値、成果、幸せを生み出すことができる。

この考え方を「フィードフォワード思考」と呼んでいます。

未来に目を向け、未来に働きかけるだけですから、フィードフォワード思考は誰でも簡単に身につけることができるものです。日々実践することによって、自分と周りの人の人生をよくしていくことができます。

なかには、はじめからフィードフォワード思考を身につけている人もいます。

たとえば、トップアスリートは未来に目を向け、未来に働きかけることが習慣になっています。絶体絶命のピンチのなか、フィードフォワード思考によって逆転で勝利するケースは珍しくありません。


２０１１年に行われたＦＩＦＡ（国際サッカー連盟）女子ワールドカップドイツ大会では、「なでしこジャパン」が日本勢としてはじめてＦＩＦＡの大会を制しました。

しかし、ギリギリの勝利でした。

決勝のアメリカ戦は終始相手に主導権を握られていました。

そもそも、その時点での対アメリカ戦の通算成績は0勝21敗3分。

これまで勝ったことがなかったのです。過去に目を向け、「正直勝つのは難しい」と思っていた人も多かったかもしれません。

実際、非常に厳しい戦いでした。立ち上がりからアメリカの猛攻を受け、シェニー選手、ワンバック選手らの強烈なシュートを浴びます。日本は粘り強く守りますが、69分、モーガン選手が日本のゴール右隅に先制点を叩きこみます。

この1点でワンバック選手はチームの勝利を確信したそうです。

ですが、このとき日本チームのキャプテン、澤穂希《さわほまれ》選手がチームにこんな言葉を掛けています。

「あきらめるな、行こう」

「行こう」とは「未来に目を向けよう」というメッセージ。

この声に、選手たちは「まだやれる」と自らを奮い立たせます。

日本は我慢強くプレーを続け、81分、ゴール前で相手のクリアボールに反応した宮《みや》間《ま》あや選手がボールを奪い、左足で同点弾を決めます。

そのまま両チーム追加点がなく試合は延長戦へ。

アメリカはワンバック選手、モーガン選手を中心に日本ゴールに迫ります。

延長前半、左サイドを破ったモーガン選手の折り返しに、ゴール前でワンバック選手が合わせて再び均衡を破ります。

延長でリードを許すと追いつくのは難しく、何より心がくじけます。

ワンバック選手は「今度こそ勝った」と思ったそうです。

しかし、川澄奈穂美《かわすみなほみ》選手と永里優季《ながさとゆき》選手はこんな言葉を交わしています。

「このくらいのほうが楽しい」

また、宮間選手は自分自身にこんな言葉を掛けます。

「大事なのはこの後」

選手たちは常に未来を向いていました。

それが逆転を呼びます。延長後半、日本は宮間選手のコーナーキックに、澤選手がニアで合わせて追いつきます。

ついに試合はＰＫ戦へ。佐々木則夫《ささきのりお》監督は笑顔で「楽しんでこい」と選手を送り出し、日本が３対１でＰＫ戦を制し、大会初優勝を成し遂げました。

チームのなかに「未来に目を向ける」フィードフォワード思考が根付いていて、それが勝利を引き寄せたことがわかります。

思いっきり甲子園を楽しんでみろ

先頃復活を果たした松坂大輔《まつざかだいすけ》投手（現中日ドラゴンズ）が甲子園球児だった頃の話です。

第80回全国高等学校野球選手権大会（１９９８年）、平成の怪物と言われ、横浜高校のエースだった松坂投手は、準々決勝のＰＬ学園戦で延長17回、２５０球を投げて完投勝利を収めました。「２５０球」は2試合分の投球数に当たります。

試合後のインタビューで、松坂投手自身が「明日は投げません」と語っていました。

翌日の準決勝・明徳義塾《めいとくぎじゅく》戦で、松坂投手はレフトを守っていました。

横浜の2年生投手2人に明徳打線が襲いかかり、8回表終了時点で6対0。

多くの人が明徳の勝利を確信していたのではないでしょうか。

このとき横浜の渡辺元智《もとのり》監督はこんなことを言います。

「残りの2イニングでひっくり返すのは難しい。後はおまえたちの好きなように、思いっきり甲子園を楽しんでみろ」

「2イニングでひっくり返すのは難しい」と選手をリラックスさせ、未来を「思いっきり楽しめ」と声を掛けたのです。

すると、8回裏、横浜高校は息を吹き返し、打線は一挙4点を奪取。

さらに9回表には「まさか」と思われた松坂投手がマウンドに上がり、明徳義塾の攻撃を打者3人（三振、四球、併殺打）で切り抜け、無失点に抑えました。

9回裏。横浜は安打を重ね、ついに逆転、奇跡のサヨナラ勝ちを収めました。

ピンチのときに現状を分析したり、そこに至った原因ばかりを考えていたら力が湧《わ》いてきません。おそらくすぐに負けてしまうでしょう。彼らが一流になっているのは、未来に目を向け、その未来に働きかけることでピンチを何度もひっくり返してきたからです。

2 絶望的な環境でも未来を思い描く

未来を信じられなくなると精神的・身体的に破綻《はたん》する

『夜と霧』(ヴィクトール・E・フランクル/みすず書房)という本があります。原題は「...*trotzdem Ja zum Leben sagen*: Ein Psycholog erlebt das Konzentrationslager」で、日本語では『それでも人生に対して「イエス」と言う〜ある心理学者、強制収容所を体験する』という意味になります。

精神科医であり心理学者である著者が、ナチス強制収容所での実体験をもとに考察したものですが、この本のなかに次のような一節が登場します。

「人は強制収容所に人間をぶちこんですべてを奪うことができるが、たったひとつ、あたえられた環境でいかにふるまうかという、人間としての最後の自由だけは奪えない」

これは、どんな極限状態にあっても、その状態に対してどう振る舞うかは自分自身で決めることができるということです。

自分の未来をどう考えるかは自由なのです。

ヴィクトール・フランクルは強制収容所における被収容者の状態を「無期限の暫定的存在」と定義しています。

悪い状態がいつ終わるかわからない。

無限に続く可能性もある。

このような状態では、目的をもって生きることが難しくなります。

未来を見すえて生きることができなくなるのです。

収容所生活では、ほとんどの人が過去にしがみついて心を閉ざすようになります。

未来を信じることができなくなると精神的に破綻し、最終的には身体的にも破綻します。

横たわったままトイレに行くことすらしなくなり、ピクリとも動かなくなります。

そうしたなか、ヴィクトール・フランクルは、

「苦悩に満ちた現在の状況は、未来に活かせる」

とイメージします。

具体的に彼が描いた未来とは、「収容所から解放され、大学で講義している場面」。そして「その教室の中にいる自分の姿を想像し、拷問を受けている最中に学んだ教訓を生徒たちに説明している状況」でした（『7つの習慣』／キングベアー出版）。「暫定的存在」として置かれたなかでも未来への希望を保ったのです。

カンボジアの首都プノンペンにある「トゥール・スレン・ジェノサイド博物館」。ここはポル・ポトが実権を握ったクメール・ルージュ（カンボジア共産党）支配の「民主カンプチア」時代、「S21政治犯収容所」となり、約2万人が収容されたとされます。生き残ったのはたったの8人。

私はそのなかの1人、チュン・メイさんに話を聞いたことがあります。その方は、「とにかく明日のことを考えました。生き延びることだけを考えました」と話してくれました。

もちろんこうした厳しい状況のなかで、「未来のことさえ考えれば生き延びられる」などと言うつもりはありません。

ですが、過去や現状にとらわれれば精神的、肉体的に追い詰められていき、一方で未来を思うことで生き延びる確率が高くなる、これだけは間違いないと考えています。

3
自信を失っていた人たちがフィードフォワードで生まれ変わる

未来を視ることで元気になった家族

「はじめに」でお話しした通り、私はフィードフォワードの効果を身をもって体験してきました。家族が病気になったことで、必要に駆られて医学書を読み漁り、苫米地博士に弟子入りして脳について学び、幸運にも病気は完治しました。

家族は、未来を視る力を身につけて元気になったのです。

フィードフォワードとは、どんなものでしょうか。

私が定義したフィードフォワードについて、もう一度説明させてください。

①まず、過去や現状にとらわれてしまいがちな人に対し、コミュニケーションや観

察を通して相手の状況を把握する
②そして、相手に起きている出来事やそれにともなって相手が体験している感情を受け止める
③そのうえで、その人が未来に意識を向け、未来に働きかけていくことができるように促す

この①～③の一連の技術のことを、フィードフォワードと呼んでいます。

フィードフォワードは認知科学によって裏付けられた技術ですが、難しいところは少しもなく、未来に目を向け、未来に働きかけるだけなので、誰でもすぐに実践できます。

私は、このフィードフォワードを「世の中に広め、定着させよう」と思いました。

そのことで多くの人が圧倒的な成果を上げ、心からの幸せを感じることができるようになると確信しているからです。

出世コースから外れた人が事業コンテストで優勝

国内の大手メーカーに勤務するAさん（男性・52歳）のケースを紹介しましょう。

数年間、海外支社長を務めていましたが、駐在した地域の不景気によって、その支社でのリストラ（人員削減）の実行を余儀なくされ、会社の規模を縮小したのちの帰国となりました。縮小は本意ではありませんでしたが、本社の指示だったのできっちりと実行しました。その結果、帰国後に待っていたのはいままでに経験したこともないようなポストでした。

海外支社長時代には出世コースの先頭を走ってきたつもりだったので、支社を縮小したとはいえ、帰国後にもそれなりのポジションを期待していました。にもかかわらず、まったく予想もしない人事に「もしかしたら自分は（出世コースから）外されたのかもしれない」と大きなショックを受けました。

実際にどうだったのかはわかりません。しかし、Aさんは「もう終わった」と感じて、仕事へのモチベーションがなくなり、体調も思わしくなくなってしまいました。

そんな頃、私のところに相談に来られたAさんは、それはそれは暗い表情をしていました。いまでも鮮明に覚えています。

「新卒で入社して以来、一生懸命に仕事をしてきました。相応のポジションに就かせてもらい、収入もある程度のところまではいったのですが、この先がまったく見えなくなりました」

私は、こう言いました。

「そうなんですね。本当はどうしたいのですか?」

Aさんは少し驚いたような表情を見せました。

「本当はどうしたいのか……そんなことはこれまで考えたことがありませんでした。私は会社を信じて一生懸命頑張っていけばいいのだ、と純粋に信じていました。でも、いま、信じていたのと違う現実が目の前にあって、どう対応したらいいのかまったくわからない状態です」

「そうですか。でも、ここで話していただいているということは、きっと、どうにかしたいんでしょうね」

「はい、そうだと思います」

Aさんは、これまでに考えたこともない未来への扉の前に立とうとしていました。

「焦らずゆっくりと考えていきましょう。そのうちわかりますよ」

翌月会うと、Ａさんの表情は驚くほど明るくなっていました。

「あれから考えてみたのですが、少し未来が視えてきた気がします」

「そうですか、どうなりました？」

「私は同期で最初に役員になることを目指していました。ですから今回の人事はショックで、この数か月間、自分がどうしてラインから外されたのだろうか、と振り返ってばかりいました。たとえば『本社に言われた通りにリストラをやったのになぜ外されないといけないのか』とか、『リストラしろと言われたのに、社員の将来が心配ですぐに実行せず、しばらく抵抗したのがよくなかったのか』とか、あるいは、『長いものに巻かれるのが嫌で少し突っ張ってきたのがいけなかったのだろうか』などと考え、一方で『そういえば出世した同期の○○はうまくやっていたな』などと考えてばかりいました」

「そうでしたか。それで本当はどうしたいのですか？」

「はい、会社のためにではなく、自分のために生きていきたいと思います。新卒で会社に入り、会社にすべてを捧《ささ》げてきました。そのことに何の違和感もありませんでした」

元気が戻って未来が視える

Aさんは少し微笑《ほほえ》みました。

「定年したらやりたい事業があります。いままでそれは定年後の夢に過ぎませんでしたが、本当にやりたいことはその周辺にあるということが見えてきました」

「なるほど。そういうことなんですね」

「もちろん、ここまで頑張ってきたんだから、定年まで会社にいるという選択肢も考えました。いま、いくつか転職の誘いも受けています。でも、何よりも自分がやりたい事業の可能性について考えていきたいと思います」

「なるほど。大きな前進ですね。すばらしい」

そこからAさんは躍動しました。

「このアイディアを社内の事業コンテストで提案してみようと思います」

Aさんはこの事業のアイディアを20年近く前に思いついていたそうです。

ですが長年、忘れていました。

「自分はこれからどうしたいのだろうか?」と自分自身に問いかけていたら、「あれをやってみてはどうだろう」と思い出したのだそうです。

事業のお手本はヨーロッパにありました。

Aさんは夏休みを使って渡欧し、その事業を研究しました。

その事業を行っている会社にアポイントを入れ、担当者と直接会って情報収集を行いました。

帰国後はその事業に関連するステークホルダー（利害関係者）との面談を続けました。平日の終業後や土日を使い、新規事業に関わる人たちと交流を深め、着々と準備を進めていきました。

そうした活動を続けているうちに、いまひとつ身が入らなかった会社での仕事にも楽しさを感じるようになってきました。視点が高くなったことで、「いまの仕事も準備している新規事業の役に立つ」と気がついたのです。

決心から1年後、Aさんは社内の事業コンテストに応募し、見事に優勝しました。優勝者には独立が認められ、会社からの支援も得られます。歴代優勝者は20、30代の若手・中堅が多かったので「中年の星」と喝采《かっさい》を受けました。

リストラの実行という重たい仕事のために出世競争から一度外れた方が、未来に目を向けることで自分の人生を切り開いたのです。

「死にたい」「泡になりたい」が口癖だった女性が自信を取り戻す

Bさん（女性・41歳）は外資系企業の広報担当者です。

私のところに相談に来たときは、バリバリと仕事をしている人のように思えました。しかし実際には、「自分の存在意義がわからない」と話してくれました。

独身で異性からも人気がありますが、育った家庭の事情もあって結婚には消極的でした。

何に対しても自信がなく、悩みだらけ、不安だらけで、「死にたいんです」「泡になってしまいたい」と繰り返していました。

私はこう問いかけました。

「本当はどうしたいのですか？」

彼女は、

「やりたいことなんて何もない」

と一度は言いました。でも、思い直したように、

「ピアノをやってみたい」

と言いました。

「そうですか、それはいいですね」

と言うのですが、次に会うと、

「やっぱりピアノはダメです。私にはピアノをやるほどの時間がありません」

「そうなんですか。では本当はどうしたいのですか？」

「私のやりたいことは人の悩みを解決することです」

「そうなんですか。では、それをやってみたらどうでしょう」

ですが、次に会うと、

「やっぱり人の悩みを解決することではなかった。私には到底無理です」

「そうなんですか。では本当はどうしたいのですか？」

しばらくは、こうしたやりとりを繰り返していました。

一見すると、行ったり来たりでなかなか進んでいないようですが、未来に意識を向けることで、彼女の表情は少しずつ明るくなり、「死にたい」「泡になりたい」とは言わなくなりました。

数か月後、Bさんは「やりたい」と思うものを見つけました。

「少し見えてきたような気がします。私は動物が大好きなんです。飼い主がいない動物を預かれるような施設をつくりたい」

「それはすばらしいことですね。その施設をつくるためにどうしますか？」

Ｂさんは慎重に言葉を選びながら話してくれました。

「まずは、いまの仕事を続けながら人脈、ノウハウ、資金などの準備をします。私がやろうとしていることはとても大きな事業なので、準備が必要です。それから、いろいろな場面で役に立つと思うので英語を磨きたい。せっかく外資系に勤めているのだし」

彼女はとても前向きで明るい性格に変わりました。それは周囲も驚くほどです。１年前には、

「死んでしまいたい。泡になりたい」

と言っていた人が、

「私ってすごい。人生は楽しい」

と言うようになりました。元気で、自信にあふれ、生き生きしています。

最近は周囲の人に「ポジティブだね」と言われるそうです。「そんなことといままでの人生ではなかったことだからびっくりしたけれど、ポジティブだと言われるのにも少しずつ慣れてきた」と笑顔で話してくれました。

その秘密は実に簡単です。未来について考え、未来について話をしているだけです。私はBさんの視点が未来に向くように、

「本当はどうしたいのですか?」

と問い続けただけです。とてもシンプルですが、その効果は絶大でした。

さあ、あなたも未来に意識を向けましょう。

あなたは本当はどうしたいのですか?

第 2 章

過去に足を引っ張られる日本人

1 なぜフィードバックは機能しないのか

耳の痛いことを伝えて仕事を立て直す

コミュニケーションをどのように行うかという指南書は数多く出版されています。価値観の異なる世代間のコミュニケーションを含め、誰もが適切な方法を模索しています。

そのなかで、最近では「フィードバック」が特に注目されています。「フィードバック」は、もともとは制御工学の重要な一部であるフィードバック制御理論の言葉です。「ある系の出力側の一部を入力側に戻すこと」（ブリタニカ国際大百科事典より）を表す言葉で、ビジネスではこの概念をコミュニケーションの一形態として応用し、現在では「フィードバック」という言葉はかなり一般的なものになっています。

たとえば、上司が部下の評価をし、それが昇給や昇進に反映されること、あるいはより直接的に、具体的な称賛や指摘を与えることなどがフィードバックです。

フィードバックの定義は複数あります。最近では「成果のあがらない部下に耳の痛いことを伝えて、仕事を立て直す」（中原淳　元東京大学准教授）などが知られているかもしれません。

総じて言うと、フィードバックは何らかの状況で「忌憚《きたん》なく相手に伝える」という意味合いの言葉です。たとえば、仕事などでプレゼンテーションを行った人に対して、よかった点、改善が必要な点を伝える、というのがその一例です。その際、感情は入れずに淡々と伝えることが重要だと言われています。

フィードバックする側もされる側もストレスを感じる

しかし、職場において、フィードバックは十分に機能していません。

フィードバックは仕事を前に進めることや、業務を改善することなどを目的として行われますが、残念ながら本来の効果が発揮されていないのです。

その理由はいくつかありますが、最大の要因は「フィードバック」の難しさにあると思います。フィードバックをする側も、される側もかなりの力量、度量が求められます。

ここで、うまくいっていたフィードバックの例として私の体験をお話しさせてください。

私が外資系企業に勤めていたとき、上司から、アイディアやプレゼンテーションなどに対してフィードバックを求められることがありました。意見交換は日常的に行っていましたが、「フィードバックしてほしい」と言われるときは本気度が違います。

気軽に感想を言うと、

「そうではなく課題や改善点を聞いているんだ」

と言われます。

こちらも真剣になって、相手にとって「耳の痛いこと」を言います。求められて言うのですからフェアなことです。上司も言われたときには「ムッ」としていることもありますが、全体としては感謝されます。

ですが、こうしたケースはまれです。

そもそも「耳の痛いこと」を言われるのですから、嫌なものです。自分の弱みやうまくいっていない点を指摘されて嬉しい人はいません。

高いゴールを明確に定め、真っ直ぐにそこに向かっている人であれば、厳しく改善点を指摘されても受け入れられると思いますが、そのような人は少数でしょう。

そのため、上司から「フィードバックする」と言われると、「体がこわばる」「鬱々《うつうつ》とした気持ちになる」という人が多いのです。

一方で、フィードバックをする側もストレスを感じています。

これは上司が部下に対してフィードバックをする場面でも同じです。

部下に嫌がられるのは間違いありません。

結局のところ、**フィードバックは「する人」にも「される人」にも強い心理的な負担がかかります。**

また、気がつきにくいことですが、実はフィードバックの受け手は、フィードバックをされたときに複数のことを考えなければなりません。

フィードバックにおいては、基本的に仕事の進め方や技術など、具体的に改善が可能な領域に関しての指摘を行うという前提があります。受け手は、自分の改善のための発言だと思って、何を言われても極力感情的に反応しないように心がける必要があります。

そのうえで、フィードバックに対する自分の反応を選択するのです。

仮に面白くないことを言われても「怒らない」「落ち込まない」「無視しない」などと肝に銘じなくてはなりません。

さらに言えば、指摘された事柄がどこまで適切な内容かを判断するのも自分の責任です。フィードバックしてもらった内容をどこまで取り入れるのかは、よくよく考える必要があります。

これに関連しますが、なかには「自分が若い頃は厳しいフィードバックを受けて育ったものだから、自分も厳しいフィードバックをするのは当然だ」と考える人もいるようです。これこそ過去にとらわれた過去思考そのものです。気持ちは少しはわかりますが、過去は過去として、これからどのように周囲の人と関わっていけば組織や個人としてうまくいくか、という視点で考える必要があるはずです。

2 フィードバックが馴染《なじ》む文化、馴染まない文化

フィードバックは日本人に馴染まない

私は日本人にはフィードバックという手法は合わないと考えています。日本には欧米のように「忌憚なくものを言う」文化がないからです。「忌憚なくものを言う」とは、相手への遠慮は脇に置いて、率直な意見を言うということです。ですが、和を重んじる日本人にとって、さして親しくもない間柄で「遠慮なく率直に言う」というのはそうそうできるものではないと思います。

私は1～6歳まで、父の仕事の関係でアメリカで過ごし、小学校1年生の2学期から日本の小学校に編入しました。

編入して間もない頃、授業中にどうしても気になることがあったので、思わず、

「先生、僕それ、違うと思います」

と言ってしまいました。教室がシーンと静まり返ってしまいました。

先生は怒りの表情をこちらに向け、クラスメートたちは緊張していました。「えっ」と思いました。自分としては「それ、違うと思います」と言ったら、先生から「どう違うの？」と聞かれ、「そこは〇〇だと思います」と会話が進んでいくイメージだったからです。

ところが、

「おまえ、何言っているんだ」

と叱《しか》られてしまったのです。

思わず、「え、どうしてですか？　思ったことを言っただけなのに」と言ってしまったのがさらに先生の怒りに火をつけてしまいました。

「そういうことを言うなら廊下に出てろ」

とさらに叱られてしまいました。

腑《ふ》に落ちないまま廊下に出て、「何が悪かったのかな？」と考えました。子どもながらに、「きっと言い方が悪かったから怒られたのだろう」と思い、次に同じようなことがあったときには「先生、そこは、こう違うと思います」と理由を添えていくらか丁寧に言ってみました。

しかし、やはり同じように怒られてしまいました。

こうして私は、「違う」と言う（＝フィードバックする）と怒られる、ということをはじめて体験しました。また、「違う」と言われた人（フィードバックされた人）がとても嫌な気持ちになるのだ、ということを知りました。

日常的に感想を言い合う欧米

ごく幼い頃ですが、アメリカに住んでいた頃は、"I don't think so."（違うと思う）は普通の会話でした。何かについて「どう思う？」と聞くと、「違うよ」「そうじゃないと思う」「こうしたほうがいいんじゃないの」と反応が返ってきました。

日本でも就学前の5歳くらいまでの子どもは、「そんなの嫌だ」「それは違う」とはっきり言います。その頃まではけっこう自分が思ったことを言っているのですが、いつのまにか率直な物言いをしなくなります。

日本で「そうは思わない」と言うと、「それは間違っている」という意味を含んでいるように感じられます。この感覚をつかむまでに私はけっこう時間がかかってしまいました。6歳で帰国して長いこと苦労して、中学生になった頃にようやく、どういう加減で話をすればいいのかがわかってきた、という感じです。かなり時間がかかりました（苦笑）。さらに言うなら、ちょうどいいコミュニケーションをマスターできたと感じられたのはごくごく最近のことです。

日本では「自分の意見」と「自分の人格」を同一視してしまう人が多いように感じます。そういう人は、意見を否定されると、人格を否定されたように感じるのか、激しく怒り出すことがあります。

また、日本人は、物事をはっきり言わない傾向があります。それでもコミュニケーションが成立するのは、言う側も、言われる側も、「言葉の裏に隠されている意味まで含めてコミュニケーションだ」という共通理解があるからです。

想いを伝えるには技術が必要

私は小学校1年生で日本に戻り、英国に移り住む14歳までの間、日本でのコミュニケーションに苦労しました。感想を聞かれたから感じたままを言っては、ムッとされ、「思ったままを伝えて何が悪いのか」と悩みました。小学校高学年のときには、いじめられたり、仲間はずれにされたりしたこともありました。

幸い、中学3年のときに、父の仕事の関係で英国に行くことになり、再び言いたいことを言える環境になりました。英国では現地校ではなく日本人学校に通いましたので、ある程度日本的ではありましたが、ほとんどのクラスメートは海外暮らしが長く、日本にいるときに比べて気持ちよく皆と付き合うことができました。たぶん、一番苦労していたのは日本から派遣されていた先生方です。生意気な子どもたちを抱えて頭にくることも多かったと思います。

そんななか、ある日、父の書棚にあった『人を動かす』（デール・カーネギー／創元社）という本に出合いました。この1冊の本が私の人生を大きく変えることになります。

入学した高校は、全寮制の立教英国学院という日本人学校でした。立教英国学院は日本人学校のなかでは老舗《しにせ》で、英国だけではなく、ヨーロッパはもちろん、アラブやアフリカなど世界中の商社や銀行、メーカー、あるいは大使館などの海外駐在員の子女が集まる学校でした。

高校生ですから皆まだ幼く、親元を離れての寮生活では日々人間関係の悩みが尽きません。どうしたらお互いスムーズにコミュニケーションがとれるんだろう?と考えながら過ごしました。青春と言えばそれまでですが、本人たちは真剣でした（笑）。

『人を動かす』はとても有名な本ですので、読んだことがある方は多いかもしれません。「誰かに何かを伝えるためには技術が必要だ」ということを教えてくれる本です。この本には「人を動かす三原則」「人に好かれる六原則」など、合計37の「人を動かす原則」がまとめられています。

私はその37の原則を全部、紙に書き出していつでも見られるようにもち歩いていました。珍しい高校生だったと思います。

本は「盗人にも五分の理を認める」から始まります。

「およそ受刑者で自分自身のことを悪人だと考えているものは、ほとんどいないそうだ。自分は一般の善良な市民と少しも変わらないと思っており、あくまでも自分の行為を正しいと信じている」というエピソードが描かれ、「人を非難するかわりに、相手を理解するように努めようではないか。どういうわけで、相手がそんなことをしでかすに至ったか、よく考えてみようではないか。そのほうがよほど得策でもあり、また、面白くもある」、そして「批判も非難もしない。苦情も言わない」とまとめられていました。

コミュニケーションにおいて相手を尊重すること、話をきちんと聞くこと、どんなときでも相手にも理があることを認めることの大切さを学びました。

相手に言い分があることを十分に理解し、尊重したうえでフィードバックを行えばうまくいくのだと思います。ですが、繰り返しになりますが、それを上手に行うのはかなりの技量が必要で、同時に、フィードバックを受け止める側にもかなりの覚悟が必要なのだと思います。

私自身はフィードバックが当たり前の環境に育ちましたが、世界中どこでもその方法が馴染むわけではないのだと感じています。とりわけ日本にはフィードバックが機能する文化がありません。フィードバックの難しさを体感してきた私は、いつしか何か別の方法が必要だと考えるようになりました。

3 フィードバックは反省にエネルギーを吸い取られる

過去から考えるか、未来から考えるか

フィードバックも本来は、未来に向けて活動を改善していくためのものですが、どうしても「反省」の色合いが濃くなり、うまく使いこなせていないという印象があります。そのため、「フィードバックをされるのが怖い」「フィードバックをするのが嫌」という事態が起きています。

その主な原因は、フィードバックが過去に目を向けていることにあります。

一方、フィードフォワードは未来に目を向けます。

フィードバックは「時間は過去から現在に向かって流れている」という時間感覚を土台にしているのに対し、フィードフォワードは「時間は未来から現在に向かって流

れている」という時間感覚を土台にしています。

フィードバックは、(たとえ直近であったとしても)過去の出来事に対するコメントです。

そのため、未来に向けてコミュニケーションを行うフィードフォワードとは逆向きのものになります。

もちろん、フィードバックは未来の改善のために行うものですので、長い目で見るとフィードフォワードの要素を含んでいます。ですが、最初の1歩を「過去の出来事」からスタートするため、どうしても重心が後ろにかかってしまいます。

フィードバックはフォアキャスティング的な考え方です。

現在、もしくは過去のデータから、「こんな世の中になるのではないか?」と未来を予測することをフォアキャスティングと言います。フォアキャスティングで未来を考えると、現在の諸要因から「可能性の高い未来」を浮かび上がらせることに重きが置かれ、多様性は低くなりがちです。想像力も働かせにくくなります。

一方、フィードフォワードはバックキャスティング的な考え方です。

物事を考える視点を未来に置いて、そこから現在を振り返ることをバックキャスティングと言います。

バックキャスティングでは未来に視点を置いて、理想とする未来の姿を思い描きます。「こうなりたい」という発想から未来を思い描くので、たくさんの未来像が思い浮かびます。自由に思い描くことが可能であり、想像するとワクワクしてきます。

これを、**未来思考と言うこともできるでしょう。**未来を基準に時間をとらえ、未来を決めると、その未来がやってきて実現する。そのように物事をとらえるのです。

フィードバックが足かせになって進めない

フィードバックの最大の弱点は過去からスタートする点です。

過去から未来へという時間軸のなかで、フィードバックは過去寄りの話からスタートします。そして、過去寄りの話が終わった後で未来に目を向けます。

そうするとエネルギーの大半が過去の話（分析や検証）に費やされ、未来のことを考える前にエネルギー切れを起こします。また、過去や現状を分析・検証して、やるべきことをすべて洗い出すと、義務感が強くなり、前に進むエネルギーがほとんどなくなってしまいます。

このとき、脳内の状態に注目すると、「失敗の追体験」「過去の記憶の臨場感強化」

フィードフォワードとフィードバック

	フィードフォワード思考	フィードバック思考
目的	未来の改善	未来の改善
起点	未来	過去
成果	未来の記憶づくり	失敗の追体験 過去の記憶の臨場感強化
脳内の状態	**前頭前野の活動が 活発化**	**大脳辺縁系の活動が活発化** （前頭前野の活動が抑制される）
脳内物質	前頭前野への ドーパミン放出	ドーパミン抑制 ノルアドレナリン増加
得られるもの	クリエイティブな発想 高いパフォーマンス	思考の抑制 低いパフォーマンス
当事者心理	楽しい／嬉しい	苦しい／つまらない

により、ポジティブエネルギーやクリエイティブ思考の源となる前頭前《ぜんとうぜん》野《や》の活動が抑制され、危機対応を担当する大脳辺縁系《だいのうへんえんけい》が活発化する傾向が強まります。

たとえばこんな例があります。ある会社が組織を立て直そうとしてフィードバックを活用して、自分たちの弱点、改善点をすべて挙げ、それらを1つ1つ潰していこうとしました。

しかし、メンバーは弱点を挙げている間に自信を失ってしまいました。元気を出して「○○を改善していきます」という宣言をしたものの、すでにエネルギー切れで宣言だけに終わってしまいました。前頭前野の活性化が起きていなかったことは明白です。

同様のケースでフィードフォワードを用いると前頭前野が大活躍し、エネルギーに満ちた状態となります。また、クリエイティブに新しいアイディアを思いつくようになりますので、成果もどんどん上がっていきます。

4 これからはPDCAよりFFA

PDCAも私たちを「過去に縛りつける」

「ＰＤＣＡサイクル」を導入しているものの、うまく機能していないという声を多くの人から聞きます。

ＰＤＣＡは、業務の継続的な改善を目指して取り組む「計画（Plan）→実行（Do）→評価（Check）→改善（Act）」という組織活動のループのことです。

私は長らくＰＤＣＡに疑問をもっていました。自分自身、長いこと経営の現場で仕事をしてきましたし、ＭＢＡも取得して経営コンサルタントとしても活動していますので、ＰＤＣＡのコンセプトと目指したいところはよく理解しているつもりです。

また、ＩＳＯという国際規格のなかでも、ＰＤＣＡは最重要の要求事項の１つとし

PDCAサイクル

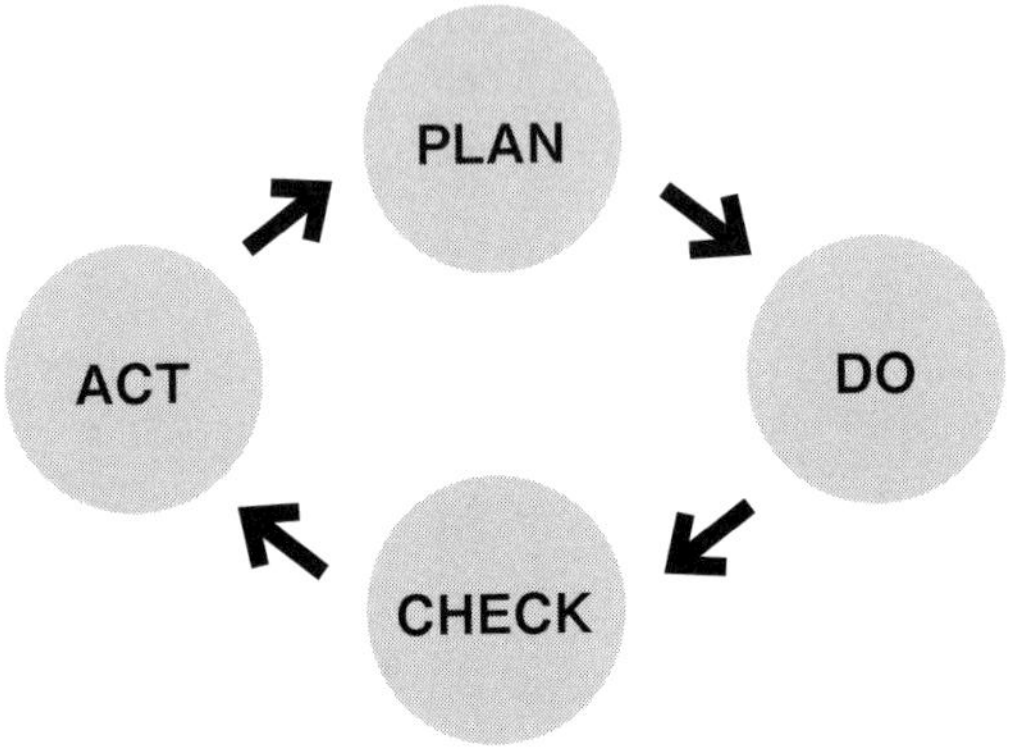

て組み込まれています。私は短い期間ではありましたが、ＩＳＯの認証機関で仕事をしていたこともありますので、ＩＳＯが広く適用されている製造や品質管理の現場にとってのＰＤＣＡの意味合いも理解しています。

ですが、実際にはＰＤＣＡはうまく回りません。

かなり頑張っても回りません。私の目から見ると、そこには明確な理由があるのですが、もしかしたら誰も気がついていないのかもしれません。

ＰＤＣＡがうまく回らないのは、そのコンセプト自体のなかに、「未来に進みたい意図」と「過去に留まらせる要因」が同居しているからです。

PDCAは「反省」を前提に設計されているため、私たちを「過去に縛りつけ」ます。

「フィードバック」によって私たちが過去にとらわれてしまい、未来を築けなくなるのと同じ原理です。

認知科学的に考えても、意識的に過去を振り返るのは大きなリスクを伴います。

4つの工程のうち2つが反省

PDCAサイクルの最初の「PLAN」は、過去や現状の問題点を分析し、改善するための計画を立てるところからスタートします。将来の予測も取り入れますが、あくまでも現状の延長線上での将来予測です。PLANするのは、もちろんよい未来をつくるためですが、基本的に「課題の設定」からスタートしますので、たいていは積み上げで物事を考えていくことになります。これが問題です。

また、もう1つの問題点は、「DO」の後の「CHECK」です。当然ですが、「CHECK」は反省になります。ここで意識的に過去を振り返る「CHECK」を行うことで、より一層過去に縛られてしまいます。また、「CHECK」の存在によって、後で「CHECK」することを前提にした「PLAN」になってしまい、全体として「後ろに体重がかかったまま走る」ような状態になります。

簡単に言うと、**4つの工程のうちの2つが「反省」に重心がかかった活動**です。

何かを成し遂げていくためには何よりも「行動すること」が重要です。「PLAN」と「CHECK」が必要なのは事実ですが、割く時間は少なくていいはずです。

反省会は人の心を重くします。学校では「帰りの会」「帰りのホームルーム」というものがありますが、場所や時代によっては「反省会」という名前で呼ばれていたと思います。1日を振り返って反省しようというものですが、たいていは形式的なもので雰囲気は暗く、そこで出された意見が翌日以降に活かされることはあまり多くないと思います。

仕事でも同様です。「反省」を真面目《まじめ》にやればやるほど、自分の弱点、悪かった点をたくさん見つけることになり、気持ちが重くなり、前に進むことが難しくなります。

また、フィードバックと同様、エネルギーのほとんどが過去の話（分析や検証）に費やされ、未来のことを考える前に疲れてしまいます。過去や現状を分析・検証して、やるべきことを洗い出すと、義務感が強くなり、脳が働きにくくなります。
パート2で詳しく触れますが、実はこの「義務感」は曲者です。「〜しなければならない」と感じる義務感は"have to"と呼ばれ、「進んで〜したい」という状態の"want to"の対極にあります。脳の前頭前野を最大限に活用するためには"want to"で物事に取り組むことが必須になりますが、PDCAサイクルは"have to"を生みやすいのです。

実は、組織で「P」「D」「C」「A」のそれぞれに担当者がついていると、形のうえではPDCAは回るのですが、「過去に縛られる」「義務感になる」という問題は解決していないので、前頭前野は活性化せず、成果も上がりにくくなります。しかも、とてもスピードが遅い組織になりがちです。

フィードフォワードは未来思考プランニング

PDCAに代わるコンセプトとして、「フィードフォワード」→「アクション」（FFA）プロセスを提案します。

「フィードフォワード」－「アクション」プロセス
＝ FFAプロセス

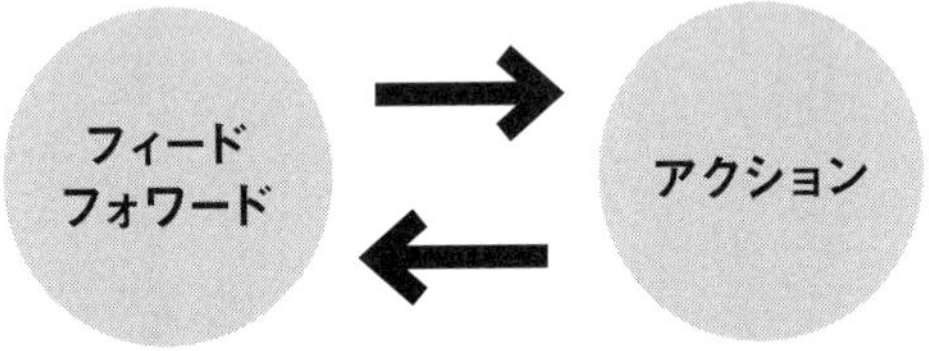

「フィードフォワード」➡「アクション」プロセスは未来に働きかけるための枠組み

ＦＦＡはいくつかの点において大きな利点があり、今後中心的な概念になる可能性があります。

実際のところ、大きな成功を収めている人は必ずＦＦＡで行動しています。彼らはＰＤＣＡで生きてはいません。

ＦＦＡでは、

①ゴールを設定すると、

②脳が活性化し、ゴール実現のために必要な方法に気づかせてくれる（ひらめき）

③アクションを取ろうとすると「無意識の振り返り」が起こり、いままでのやり方と比較して改善すべき点に気がつ

くようになる
④気がついた改善点を取り込んだアクションを進める、と同時に
⑤随時、ゴールの見直しも行いながら、活動しながら新たに気がついた改善点をアクションに取り込み、一段とアクションの質を高めていく

が繰り返し行われます。これが基本です。

ＦＦＡでは、「ゴール設定」から始めることを明示してあり、認知科学的に見ても効果が保証されています。

無意識の振り返りが内包されている

フィードフォワードは未来思考プランニングです。フィードフォワードのなかに「ゴール設定」→「無意識の振り返り」が内包されています。

未来思考プランニングは長期と短期に分けて考えることができます。

長期の未来思考プランニングは、すでにお話ししたように、

Goal Setting（ゴール設定）→Unconscious Reflection（無意識の振り返り）
→Action（アクション）

という流れになります。

大枠は「フィードフォワード」→「アクション」というシンプルな形ですが、「フィードフォワード」には「ゴール設定」と「無意識の振り返り」が内包され、このサイクルが回りながら、アクションをも取りつつ、何度でも「フィードフォワード」に戻り、また「アクション」を行うことになります。

これに対して、短期の未来思考プランニングは、

Target Setting（ターゲット設定）→Unconscious Adjustment（無意識の調整）
→Action（アクション）

となります。

大きなゴール設定ができても、「明日から具体的に何をすればいいか」はとても重要です。日々の仕事でも、手始めに何をすればいいかがわかると前に進みやすくなり

ます。

そこで、短期的な達成目標としてTarget（ターゲット）という言葉を用います。「目指すもの」という意味合いです。

「こうなりたい」という長期のゴールをもちながら、1年ごと、4半期ごと、1か月ごと、1週間ごとなどの短期目標としてのターゲットを設定します。ゴールの下で具体的なターゲットを設定することで、脳の「無意識」は具体的な活動をひらめかせてくれます。ひらめいたアクションを実際に実行していくと結果が出ていくわけですが、アクションを取りながらも脳が「無意識の調整」を行い、ターゲットの見直しを含めたフィードフォワード思考によって、さらに次のアクションの質を高めていく。これが短期のFFAプロセスです。

ある経営者は、これまで職場で実践していたPDCAをFFAに切り替えました。「PDCAで現状分析から計画を立案していたときは、ちっとも物事が進みませんでした。FFAに切り替えてから、社員が自発的に考えるようになり、議論も活発になり、アクションそのものがスピーディーになりました。また、FFAでゴールを設定すると、無意識がゴール達成に必要な情報をキャッチさせてくれるようになり、常に次にどうしたらいいかが見えるようになりました。いままでは『この後はどうしよう』と常に頭を働かせて（時には頭を抱えて）いたのが、ＦＦＡに切り替えてからは、ゴールを設定してアクションを取りながら、次の『ひらめき』が来るのを待っているだけでいいのですから、天と地がひっくり返るような革命的な変化です」

いかがですか？

かなり大きな違いがありますよね。これには脳の仕組みが関係しています。

私たちの脳は、自分が重要だと思ったものだけを認知します。脳幹《のうかん》という脳の部位に、外部からの情報に対してフィルターの役目を果たすＲＡＳ（Reticular Activating System＝網様体賦活系《もうようたいふかつけい》）があり、このＲＡＳのフィルター機能によって、重要だと認識されたものだけを私たちは感じるようにできています。

フィードバックやＰＤＣＡで反省点を考え始めると、脳は「反省情報」を重要なものとしてみなし、収集していきます。その結果、山のような反省点が集まります。脳の観点からは、この反省点を集めている段階で、過去のうまくいかなかった体験を繰り返し追体験することになり、前に進むエネルギーが失われ、（文字通り）体が重たくなっていきます。

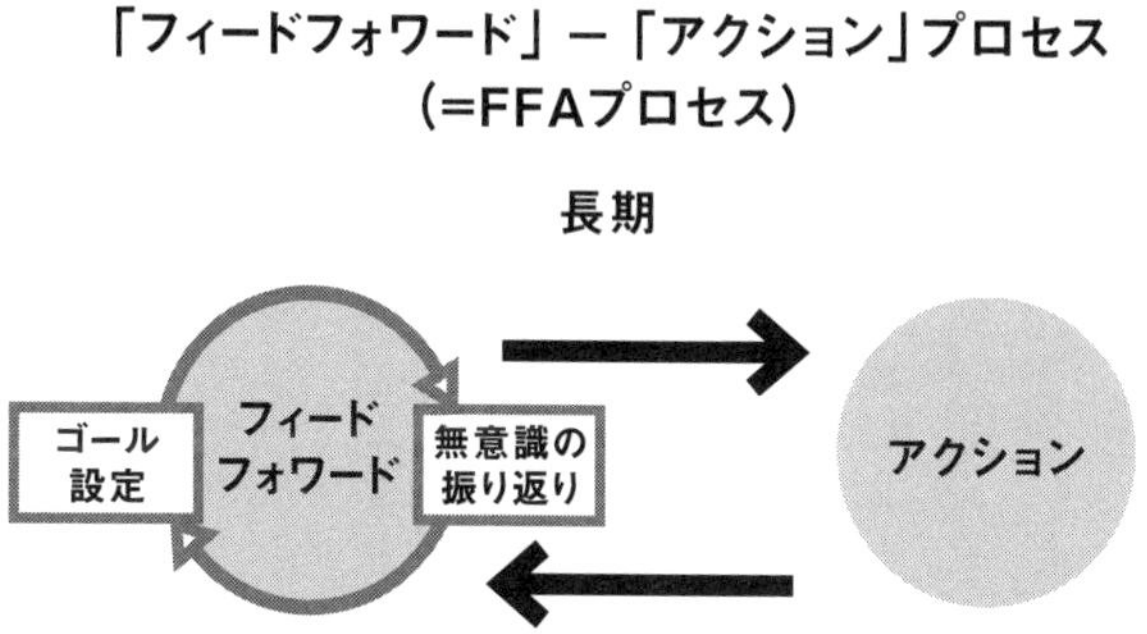

長期の「フィードフォワード」には
「ゴール設定」➡「無意識の振り返り」が内包されている

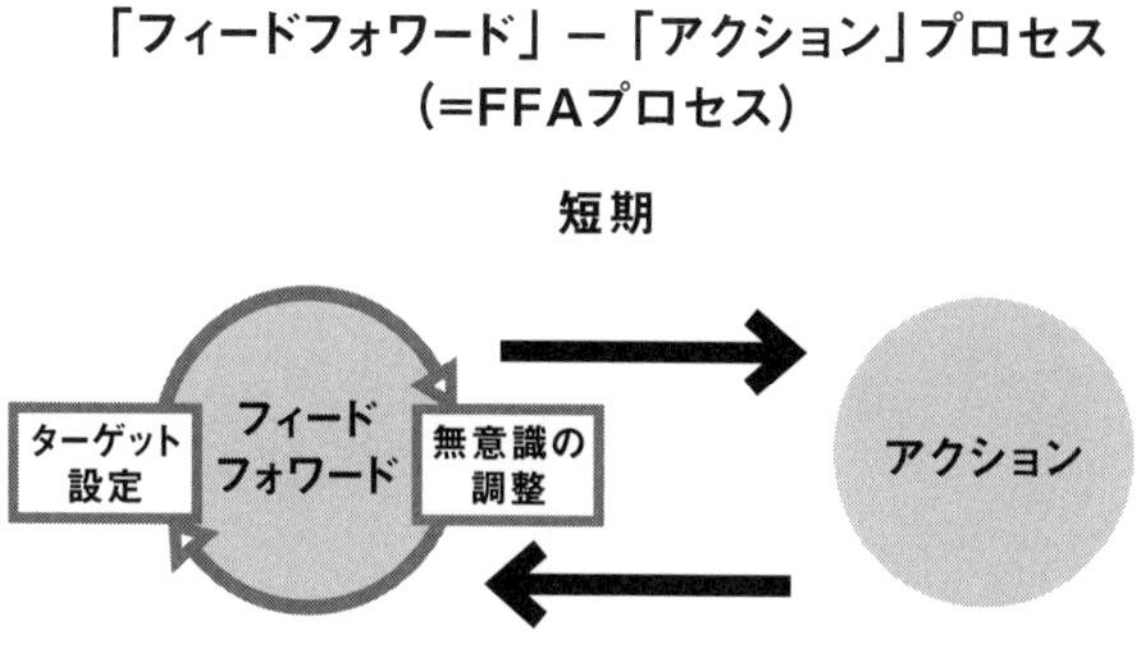

短期の「フィードフォワード」には
「ターゲット設定」➡「無意識の調整」が内包されている

一方、フィードフォワードで未来に焦点を当ててゴールについて考えていると、常にゴールを達成するために必要な情報が入ってくるようになります。前頭前野の活動も活発になり、高いモチベーションで段違いのクリエイティビティを発揮することができるようになります。

これがＰＤＣＡとの大きな違いです。仕事への取り組み方が決定的に変わります。ＰＤＣＡは20世紀において画期的な発明で、世の中の発展に大きな貢献をしてきました。

しかし、そろそろ時代遅れになっています。

最初からゴールがはっきりしていなくてもよい

計画すればするほどうまくいかなくなる。そういう場面を多く見てきました。

小学生の頃、毎年、学校の指導で「夏休みの過ごし方」の計画を立てましたが、その通りに過ごせるのは最初のごく数日間だけで、結局続けられず、その後は自由な日々になります。「続かない自分はダメなのかも」と思ったりもしましたが、計画を守れた数日間は味気なく、何かを身につけたり、思いついたりすることがない日々でした。

「計画なんて守れないよ」とあきらめたときから夏休みは楽しくなっていきます。

受験勉強を何度かしました。計画は立てても守ることはできませんでした。計画するとつまらなくなるのです。思いついたままに、必要だと思う科目を勉強し、何とか数回の受験を乗り切ってきました。

私は長いこと「計画って意味があるのかな?」と考えてきました。

複数の企業で経営者、あるいは経営企画担当として、5か年計画、3か年計画、年次予算、月次予算など、様々な計画づくりに携わってきました。仕事だからやりましたが、つくっていてもそれほど楽しくはありませんでした。

「計画がないと社員が動かない」

会社はそう思って計画をつくっているのだな、とあるとき、理解しました。やりたくないことをやらせるための方法もしくは方便。

だから、私は会社での「計画」をあまり好きになれませんでした。

「計画」の意義に対して長いこと懐疑的だった私に、貴重なヒントをくれたのが、苫米地英人博士とルー・タイス氏でした。

この2人が、「時間は未来からやってくる」（苫米地博士）とか〝Invent on the way〟（「進みながら方法を発明すればいい」）（ルー・タイス氏）＝（ベンチャー企業ふうに言えば「走りながら考える」）というような視点を与えてくれたので「やっぱりそうなんじゃないか」と思ったのがいまから10年前のことです。

「計画嫌い」な私は、当初から苫米地博士やルー・タイス氏が言うような視点をもっていたわけですが、お2人の後押しを得て、その後は文字通り「未来をつくる」生き方に邁進《まいしん》してきました。

そうして、この10年の間に考え、実験し、体験し、結果を出してきた方法をまとめたのが「フィードフォワード」であり、「フィードフォワード」→「アクション」（FFA）プロセスです。

すごく新しいことを言っているのかというと、そうではないのかもしれませんが、定式化しているという意味では新しいと思います。

細かく計画して何かを成し遂げた人がいるかというと、たぶんあまりいなくて、すごい人は皆、とりあえず大きな夢があって、それに向かってアクションを続けた、というのが実際のところだと思います。

もちろん生産管理や品質管理などの領域では、緻密《ちみつ》なＰＤＣＡの効果は高いと思います。ただ、実際に成功している企業でも、ＰＤＣＡをそのまま使っているわけではなく、サイクルのなかにフィードフォワード的なメカニズムを組み込んで「未来に向けた改善」を現実化する手法を取っていることがわかっています。

第 3 章

フィードフォワードの基本

1

フィードフォワードが必要な理由

1ON1ミーティングの重要性

日本の人事考課は、半年または1年ごとに従業員の業績や能力、貢献度などを評価し、昇給や昇進に反映するというスタイルが主流です。年度始めに目標を設定し、年度末に自己評価、上長の評価、上長との面談によって評価を行います。

もともとはアメリカで行われていた方法を導入したものですが、2012年頃からマイクロソフト、GE（ゼネラル・エレクトリック）、アクセンチュアなど、多くのアメリカ企業が、期間を区切った人事評価を廃止しつつあります。経営環境の変化が激しく、半年、1年前に決めた目標で評価を行うことが難しいのです。

では、どのように評価するのか。

最近では、日常のコミュニケーションを重視したアプローチが提案されています。なかでもコミュニケーションを密にする方法として「1ON1ミーティング」(1to1ミーティングと呼ばれることもありますが、本書では1ON1として統一したいと思います)があります。シリコンバレーでは1ON1ミーティングが文化として根づき、人材育成手法として活用されています。

1ON1ミーティングでは、上司は部下の話に耳を傾け、必要に応じてアドバイスを与えることになっています。お互いに自然体で話す場を定期的に設けることで、部下は成長し、社内のコミュニケーションも活性化するようになります。

明るく楽しい面談ツール

1ON1について様々な提案がなされていますが、その手法は明確ではありません。人事から「定期的に1ON1を実施してほしい」と言われ、戸惑う上司は大勢います。「何を話せばいいのか」と戸惑い、結局、MBO管理(目標管理)と混同していたり、世間話や部下の愚痴のはけ口で終わってしまうケースもあります。

これでは「1ON1」の本来の目的である「部下の現状を把握し成長へと導く」が

達成されません。

一般的に1ON1は、ティーチング、コーチング、フィードバックの3つの要素を使い分けた、個人の能力を引き出すためのアプローチとされています。

経験した仕事でうまくいったケース、うまくいかなかったケースについて、面談のなかで、上司が「そこから何を学んだのか」「今後にどのように生かしていくのか」などと問いかけ、一緒になって考えていくことが目的です。業務報告や進捗《しんちょく》管理ではないので、やったことの成功や失敗を問う場ではありません。そして、対話のなかで、「私にはこういうふうに見えていて、あなたがやっていることに対してこう思った」などとフィードバックをすることがあります。

1ON1は上手に行うととても効果があるものなので、人材の育成、社内コミュニケーションの活性化のために、面接のような堅苦しい雰囲気ではなく、ぜひ明るく楽しく行いたいものです。

ですが、1ON1で「フィードバック」が多くなると、過去を振り返り、どちらかというとうまくいかなかったことに意識が向きやすくなるため、必然的に重苦しい雰囲気になります。その点で、1ON1には本書で推奨する「フィードフォワード」が最適だと考えています。

2 私はこのようにフィードフォワードを会社に導入した

フィードフォワードは未来に目を向ける

未来を意識し、未来に働きかけることで人は成果を上げ、幸せになっていく。

前述したように、家族の病気が治癒したことで、この方法のすばらしさを実感した私は、会社の部下にもやってみることにしました。

基本的には、毎月面談をして、

「これからどうしたいですか？」

と聞き続けただけです。未来に目を向ける過程で、皆、自然と自分の課題を発見して改善していくことができたので、部下は無理なく自然に成長していきました。部下の活動は活発になり、私の部署の業績は上がり続けました。

異動するたびに新しい部署でやってみましたが、営業部門でも管理部門でも、常に私のチームは活性化されました。

この手法は認知科学によって裏付けられたものですが、難しい理論を学ぶ必要はなく、誰にでもすぐに使えるところが魅力です。もちろん奥深い体系がありますので、理論に興味がある方や、もっと上手にフィードフォワードを行いたい方のために本書の後半では詳しく掘り下げます。

ただ、まずは未来を意識し、未来の話をするだけでも十分に立派なフィードフォワードになるということをお伝えしたいと思います。

フィードフォワードをどのように導入したか

私は、次のようにフィードフォワードを自分の部署に導入していきました。

まず、その面談を「フィードフォワード面談」と名づけました。

①事前の趣旨説明

最初に部署全員を集めて、フィードフォワードについての説明会を行います。

「皆でこの部署をよりよくしていくための場をつくります。これをフィードフォワード面談と言います。これは皆さんに業務のフィードバックを行う場ではありません。皆さん1人1人が『これからどうしていきたいか』について、私と一緒に話し合う場です。言いたいことは何でも言ってください。秘密は守ります。話したいことは事前に準備しておいていただくと、時間を有効に使えると思います。

私と1対1で行い、基本的に1回30分です。1回目だけは、じっくり話をお聞きしたいので、1時間程度時間をとってください」

部署のメンバー全員の前でこのように話し、フィードフォワード面談を行うことを了解してもらいました。

②スケジューリング

事前にミーティング日を決めます。基本的には毎月1人30分程度行います。スケジュール表をつくり、メンバーと相談しながら時間を確保します。

前述したように、1回目だけは全員1時間と決めました。部下がそれまでにためていたものをじっくりと聞く時間が必要だからです。

最初に実施したとき、私の部署には20人近くのメンバーがいました。できるだけ1

人、30分のつもりで始めましたが、2回目ぐらいまではなかなか話が終わらず、1時間近くになることもありました。20人×1時間だとそれだけで1週間の半分近くの時間を使ったことになりますが、その効果はありました。

3回目以降は30分で終えることができるようになりました。

フィードフォワードの基本的な流れ

私はフィードフォワードの前提として、会社に所属している以上、すべての社員は多かれ少なかれ、会社に貢献しようという気持ちがあると考えています。本当に嫌ならば辞めてしまうでしょう。いまは少しやる気がない人でも、きちんと話を聞いていけば、会社への思い、組織への思いがあり、それを引き出していけば自然とやる気のある人になっていきます。

フィードフォワードは、

「いつも頑張ってくださって、ありがとうございます」

「最近の案件ではとても苦労しているようですが、いつも着実に結果を出してくださってありがとうございます」

「○○さんの気配りのおかげでチームのコミュニケーションがよくなって、いつも助かっています」

などの労《ねぎら》いの言葉から始めます。そして、

「今日、こうして時間をもらったのは、事前の説明会でお話しした通り、フィードフォワードのためです。月に1回やっていくのでよろしくお願いします」

と説明した後、アイスブレイク的に1つ、2つ問いかけます。

「休みの日はどんなことをしていますか?」

「最近気になることは何ですか?」

などでもよいですし、あなたが異動してきたばかりの新しい上司の場合には、

「うちの会社に入って何年目ですか?」

「この部署に配属されて何年目ですか?」

などでもよいでしょう。部下に十分に話をしてもらい、じっくりと話を聞きます。

未来に目を向ける問いかけ

そして、

「今後どんな仕事をしていきたいですか」

と聞きます。

これまでにこの質問を上司に聞かれたことがある人は幸運です。会社や上司に恵まれていたと言っていいかもしれません。多くの人にとっては、あまり聞かれたことがない問いかけなので、「えっ」と思うかもしれません。

ただ、はじめての人も、2回目以上の人も、この問いに対する反応はほぼ同じです。「そういうことを言うのはタブー」「いまやっている仕事に不満をもっていると思われてはいけない」などと考え、無難な発言になることが多いと思います。同期入社など腹を割って話せる相手の場合は別でしょうが、上司に対しては警戒心が強いものです。

どうしても、「いまの仕事を一生懸命やっていきたいです」というような現状維持の発言が多くなります。こんなときこそフィードフォワードの出番です。

「人事異動もありますし、ずっとこの部署にいるというわけではないはずなので、もし3年後に異動するとしたら、どんな仕事をやってみたいですか。私が知っておけば応援できることもあるかもしれないので」

と聞いてみたり、人事異動がほとんどない組織の場合でも、

「もちろんいまの仕事を一生懸命やっていただいているのはありがたいですし、今後もお願いしたいです。ただ、仕事の幅を広げるという意味でも、ほかに関心があることがあればぜひ教えてください。この部署のなかでできることもあれば、ほかの部署でないとできないこともあるかもしれませんが、教えておいてもらえれば、チャンスが来たときに○○さんの希望を聞いたり、○○さんを推薦したりすることができます」などと相手のメリットを意識してもらいながら、「現状の外の未来」に目を向けてもらいます。

最初は硬いものですが、回数を重ねるうちにフィードフォワードの場が安全だと気づき、いろいろなことを気軽に話してくれるようになります。そのときには、たとえば次のように話が展開していきます。

例1

上司「今後どんな仕事をしていきたいですか?」
部下「○○をやってみたいです」
上司「そうなんですね。どうしたらそれができると思いますか?」

例2

上司「今後どんな仕事をしていきたいですか？」
部下「いまやっている○○についてスキルアップしたいんです」
上司「そうなんですね。どうしたらスキルアップできると思いますか？」
部下「少し難しい業務の経験が必要だと思います」
上司「そうですか。そういう経験をする準備はできていますか？」、あるいは「そのために必要なことで私に手伝えることはありますか？」

などと話します。

具体的に「こうしてほしい」という要望が出てくる場合もありますが、「いまのところ大丈夫です。何かあったらご相談します」という人もいるでしょう。

会社の業務とは直接関係がないことを話してくれる人もいます。「トライアスロンの大会で優勝したいんです」とか、印刷業なのに「教育関係の仕事をしたいんです」というようなケースです。そんなときに「仕事の話をしているのですよ」とか「その仕事はうちの会社ではできないですね」などとは言いません。

「いいですね。どうしたらそれができると思いますか？」

と聞きます。

すると、普段から考えていることや、そのときに思いついた方法について話をしてくれます。もちろん、その方法についてもじっくりと聞きます。ここで大事なのは、相手が「何を話しても受け入れること」です。たとえ、上司である自分の利害と対立することでも受け入れて聞く必要があります。

たとえば、自分の部署が人員不足で、異動や退職で1人でも欠けたらとても困る状況だったとしても、上司はたとえば「違う仕事をしてみたい」という部下の声をいったんしっかりと受け止め、受け入れる必要があります。

未来は1人1人のものなので、その人の考えは尊重するしかありません。

上司は自分にどんな支援ができるかを考えます。積極的に転職を促すことはしなくてもよいでしょうが、本人が希望の方向に進むために、組織のなかでしてあげられることがあれば（たいていの場合は何かしらあるものです）、できる限りのことをします。時には上司の支援によってそのまま異動、場合によっては転職してしまうケースもありますが、それはそれで仕方がないことです。抜けてしまった穴は、組織に申請して人員を補充してもらうことで、通常は対応できます。

部下の話を聞きすぎると辞めてしまう人が増えるのではないか、と心配する人もいますが、実際には、上司にしっかりと話を聞いてもらうことで、組織への思いに火がついて本気になる人が何人も出てきます。

そうでなくても辞める人は一定数いますし、それはそれで仕方がないことです。退職者が出るのを恐れて、上司が部下の本心と向き合わないまま、日々の業務を淡々とこなしている組織。上司がしっかりと向き合ってくれて、メンバーが本音を語れる組織。どちらがより高い生産性を上げられるかという比較では、言うまでもなく後者の圧勝だと思います。

部下は積極的に参加し成長

部下の進みたい方向性が見えたら、どうしたらそれが実現できるかを考えます。部下が目指していることが自分の部署のなかでできることであれば、どうしたらそれをできるようになるか。たとえばほかの人の仕事を手伝いたいのであれば、その機会があるかどうかを確かめます。

他部署の仕事であれば、その人が異動することも含めて話し合います。

「どうしたら異動できるかを少し長期的な目線で話し合ってみましょう。すぐには無理でも、たとえば横串《よこぐし》のプロジェクトに参加できるといいですね」などと言います。

あるいは、

「その仕事の中身を知っていますか」

と尋ねます。漠然と憧《あこが》れているだけで、具体的な内容について知らないようであれば、

「直接担当者に会って話を聞いてみてはどうですか。リアリティが湧きますよ」とアドバイスします。

話を聞いてみて、その仕事の臨場感が高まった後に、「そうだ。これが自分がやりたいことだ」と思うこともありますし、「違ったかも」と思うこともあります。「違ったかも」と思ったらもう一度考えてもらえばよいだけです。「そうだ」と思ったら、その人が前に進めるように支援を行います。

私が部署のメンバーと始めたフィードフォワード面談はとても楽しい時間になり、部下は積極的に取り組んでくれました。その効果については次項でお話しします。

これがもしフィードバックを軸に行われていたら、きっと苦しい時間になったと思います。部下は理由をつけてミーティングを避けるようになっていたでしょう。

なお、2回目以降ですが、1か月ごとに状況は変わるものなので、基本的に毎月同じような内容で進めていきます。フィードフォワード面談を数か月続けて、部下の進みたい方向性が固まってきたら、普通の業務の話をしながら、時々方向性を確認する形に切り替えていきます。

ところで、もう1つ大事なことがあります。それは、実はフィードフォワード面談の本当のすごさは、毎月の30分間以外のところにあるという事実です。フィードフォワード面談が習慣になると、上司と部下の日常のコミュニケーションがフィードフォワード的になっていきます。常に未来のことについて話し合うようになり、一度そうなってしまうと、たとえ業務上の困難に直面しても、メンバー全員、どうやって乗り越えていくかにしか興味をもたなくなり、自然と解決策だけが見つかるようになります。

これは上司と部下の間だけに留まりません。フィードフォワードに慣れた部下同士、つまり同僚の間でもフィードフォワード的なコミュニケーションが基本となり、部署全体が未来に目を向けたチームに生まれ変わっていくのです。

3 フィードフォワードで個人もチームも活性化した

個人は明るく活動的に

フィードフォワード面談、そして日々のコミュニケーションでフィードフォワードを行うようになると、部下全員がとてもやる気のある人たちになりました。もともとのやる気のレベルによって変化のスピードに差はありましたが、全員がプラスの方向に向かいました。

まず、1人1人が明るくなり、生き生きとしてきます。未来に目を向けるからです。また、自分のことを真摯《しんし》に考えてくれる人（ここでは上司）がいる、とわかることもとても大きいです。

さらに、チームワークがよくなります。

それは、フィードフォワードを行う際に、「抽象度」という概念を用いるからです（抽象度についてはパート2で詳しくお話しします。いまはわからなくても構いません）。

「抽象度」が高くなるとは、視点が上がるということです。

自分だけではなく、他者のことを観察する余裕が出てきます。

他者に配慮することができるようになると、チームワークがよくなります。

自分のゴールだけではなく、自分を含めた周囲の人のゴールの達成を目指すようになるからです。

仕事が速くなり残業激減

私がマネージャーとして着任したある部署での例です。そこは常に業務がハードで残業が多く、退職者が多い部署でした。それが半年間のフィードフォワードで大きく変化し、全社でも指折り残業が少ない部署になりました。

着任当初、メンバーの月間平均残業時間が60時間超でした。休日出勤はない部署でしたが日々の業務量が多く、なかには80時間以上の人もいたので会社中で大きな問題になっていました。

そこで私は、半年後に平均40時間を切ることを目指し、最終的には平均35時間まで減らすことができました。私は1年でほかの部署に異動しましたが、嬉しいことに私がその部署を離れてからも、さらに残業時間は減り続け、平均30時間を切るようになりました。

フィードフォワード思考が定着したことで、メンバーのモチベーションが高く維持され、また、業務改善を次々に行っていったことが主な要因です。

メンバーの1人は、

「以前は月末、四半期末、年末の締めでヒイヒイ言っていました。締めの日は退社時刻が午後11時を過ぎるのが当たり前でした。いまでは、なぜか余裕になってしまい、どんなに遅くても全員午後8時には帰れます」

業務を見直すときの発想もクリエイティブになりました。

PDCA的に業務を見直すと、時間がかかった過去を見つめ、その原因についての情報収集に多くの時間を費やします。反省材料はたくさん上がりますが、改善のアイディアはあまり出ません。何より、反省にエネルギーを費やしてしまうため、動きが鈍くなります。

フィードフォワード思考で業務を見直すと、次々によいアイディアが出てきます。たとえば、「効率的に仕事をこなし、残業なしで退社している」という未来をメンバー全員が思い描けば、そのためには「〇〇はやめましょう」「××は月3回から1回にしましょう」「△△の手順を変えましょう」など、クリエイティブで効果的なアイディアが次々に出るようになります。脳科学的に言えば、フィードフォワードによってドーパミンが前頭前野に放出され、前頭前野の活動が活発になり、クリエイティブな活動ができるようになるのです。

全社的なフィードフォワードの広がり

私のチームの変化は社内で注目されるようになりました。

他部署の部課長が、「どうして久野さんのチームは元気で業績がいいの?」と聞いてくるので、「フィードフォワードをやっています」と答えると、「うちのチームにも教えてください」と言われるようになりました。

そこで会議室をとって、マネージャーを対象に1時間程度、実際にやっていることを説明しました。

内容は本書に書いた通りです。

まず一番大切なこととして、「フィードフォワードは業務のフィードバックではなく、『1人1人がどうしていきたいかを話し合うための時間』である」ということを伝えました。次に趣旨説明会の行い方、そして、具体的にどのようにフィードフォワード面談を行うかなどを話しました。

実践するマネージャーもいれば、やらない人もいましたし、やりたいと思いながら時間の調整がつかない人もいました。

ですが、実践した人は皆、「うまくいった」という感想をもち、その人たちの話を聞いて、それならやってみようというマネージャーも出てきました。部下から他部署の部下へとフィードフォワードのよさが伝わり、「うちの上司にもお願いしよう」というケースもありました。

さらには、フィードフォワードによって業務を改善していたプロジェクトチームが、社内コンテストで優勝し、フィードフォワードの効果を裏付けてくれました。日本支社の代表となり、世界大会に出場してプレゼンテーションを行ったのです。

フィードフォワードの効果をまとめると、以下の通りです。

フィードフォワードによって未来に目を向けるプロセスで、自然と自分の課題を発見し、改善に取り組むことができるようになります。起点は自らのゴール設定なので、自主的・自発的な成長が起こりやすくなります。

また、未来について考え、語る、というシンプルな技術であるため、誰でもすぐに活用することができます。簡単であるにもかかわらず効果は絶大で、極めて速いスピードで、自分と周囲にプラスの影響を伝染させることができます。

4 フォワーダーとレシーバーという役割

基本はフォワーダー1人とレシーバー1人

フィードフォワードはいつでも、どこでも、誰に対してでもできます。

私の例で前述した仕事の上司・部下の面談のなかではもちろん、夫婦、親子の日常会話、学校での教師と生徒との間でのちょっとしたやりとりのなかでも、フィードフォワードは有効です。

私の周りでは、日常生活がフィードフォワードの場になっているケースがたくさんあります。その場では誰もが未来を語り、その実現に向かって自然に動き出していきます。

私は大学で授業を受けもっていますが、クラスメート同士がお互いの話を聞き、

「次はどうするの?」と問いかけ合い、話し合っています。気軽にできるところがフィードフォワードの魅力です。

まず、基本的なフィードフォワードについてお話しします。

フィードフォワードを行う人を「フォワーダー」、フィードフォワードを受ける人を「レシーバー」と呼んでいます。

その役割は固定的ではなく、誰でも状況に応じてどちらの役割でも果たすことができます。フォワーダーはレシーバーの成功に関心をもち、レシーバーが未来に目を向けられるようにサポートします。

また、自分で自分自身にフィードフォワードを行うことも可能で、その場合には1人でフォワーダーとレシーバーの両者の役目を担うことになります。

フォワーダーはレシーバーの絶対的な味方

フォワーダーは、レシーバーの意識と無意識を未来に送る人です。前述の私の例では、上司である私がフォワーダーで、部下がレシーバーでした。フォワーダーは、レシーバーが未来に向けて行動できるように促します。

フォワーダーはレシーバーの絶対的な味方で、レシーバーの未来を一緒に探します。レシーバーと一緒に、暗闇《くらやみ》のなかを懐中電灯を片手に歩いていき、レシーバーの前方に光を当てて、レシーバーが前に進むのを手伝うのがフォワーダーです。

ここで留意したいのが、フォワーダーはレシーバーのゴールを知らなくても構わないということです。ゴールがはっきりしていなくても行うことができるのがフィードフォワードの便利なところです。

上司が部下と面談をするとき、話をしているうちに、経験豊富な上司には部下のゴールらしきものが見えてしまうことがあります。ですが、そのゴールを指摘してしまうのではなく、あくまでもレシーバーが自ら未来を意識し、自らゴールを見つける、というのが目指す姿です。

それは教師が生徒と面談をするとき、あるいは親が子どもと話をするときでも同じです。

かつての上司・部下の面談では、上司が部下にゴールを教えてあげることができました。

それは仕事のゴールが明確であり、何をどうしたらそこに到達できるのかも、かなりの程度わかっていたからです。

しかしいまの時代は、ゴール自体も、そしてそこに至る道のりも、不透明かつ多種多様です。いまに限らずいつの時代もそうだったのかもしれませんが、特にここ10年ぐらいで世の中の多様性の度合いは一段と増しています。

そうなると、上司がゴールと考えるものがそもそも間違っている、という可能性すらあります。

そんな状況でもフィードフォワードは機能します。フィードフォワードは**レシーバーが自分の未来を見つけていくための技術**だからです。

フォワーダーは気持ちを整える

フォワーダーはどんなことを心がければよいでしょうか。

まず、フィードフォワードを行う機会が大切な時間であり、大切な場だと思うことです。

毎回毎回、フォワーダーとレシーバーがこの時間を共有するのは、「最初で最後」だと思って行います。

フィードフォワードは場所を選びません。会社の昼休みでも、家族と夕食を食べているときでも、友人との飲み会で鍋《なべ》をつついているときにでもできます。このようにフィードフォワードはいつでもできるのですが、「これからどうしたいんですか?」という質問に関しては、いましか聞くことができないと思って、問いかけます。

私はいつもいいフィードフォワードをしようと思って準備をしています。


フォワーダーがフィードフォワード面談（あるいはフィードフォワード・セッション）に臨む場合、2つのことを行います。

1つは、レシーバーの絶対的な味方であると心に決めること。

もう1つは、「自分はレシーバーの未来を一緒につくることができる」「自分にはそれができる能力がある」と信じることです。

自分と相手を信じることです。こうすることでフィードフォワードのメカニズムが発動するようになりますが、その理由はパート2でお話しします。

5 フィードフォワードは3つのキーワードで進められる

「最近どうですか？」

フィードフォワードは、基本的には、シンプルな3つのキーワードで進めることができます。

まず、フォワーダーはレシーバーと会ったら、アイスブレイクを行います。アイスブレイクというのは、「緊張をほぐすための導入」のことです。

「先日はお疲れ様でした」「いつもありがとうございます」などと挨拶《あいさつ》した後、少しリラックスできるような話をします。

あまり時間をかける必要はありません。1、2分でよいでしょう。

そのうえで1つ目の問いかけをします。

それは、「最近どうですか？」です。

初対面でも、何度目かの面談でも、この言葉で始めることができます。レシーバーには、話したいことを好きなように話してもらいます。「最近どうですか？」についての回答は様々です。

うまくいっていることを話す人もいますし、うまくいっていないことを話す人もいます。

あえて過去のことは聞きません。

多くの場合、面談では前回会ったときから現在までの間に、ある程度時間が経っていますが、

「前回会ったときから今日までの話をしてください」

と問いかけたら、レシーバーに過去を意識させてしまいます。ですから、振り返りはしません。

もちろん、「最近どうですか？」と聞いても過去のことを話す人はいますが、フォワーダーから過去に意識を向けさせることはありません。

最初の質問、「最近どうですか？」に対するやり取りはすぐに終わることもありま

すが、たいていは10～15分くらい続きます。

「これからどうしたいですか?」「これからどうしますか?」

「最近どうですか?」についてある程度話を聞いたら、「これからどうしますか?」と問いかけます。

この質問によって、レシーバーの無意識は大きく動き始めます。

レシーバーにやりたいことを話してもらい、「そうですか、それはいいですね」としっかりと受け止めます。これも10分ぐらいは続くことが多いです。

その後で3つ目の質問です。

「もっと先にはどうしたいですか?」
「もう少し大きくしてみましょうか?」

3つ目の質問でレシーバーが語る未来を大きくしていきます。

「もっと先にはどうしたいですか？」

「もう少し（やることを）大きくしてみましょうか？」

など、さらなる未来に目を向けてもらい、また、さらにスケールアップすることに意識を向けてもらいます。

このとき、相手の目を見て、「あなたならできる」と心から思いながら問いかけることも重要です。


3つの質問ですが、「最近どうですか？」というスタート地点と、「これからどうしたいですか？」という未来の地点の両方が必要です。このギャップをつくらないと脳内でエネルギーが生み出されず、大したことは起きません。

さて、いかがでしょうか？　フィードフォワードは、ここで挙げた3つのキーワードで簡単に実践できるものです。フォワーダーのおかげでレシーバーは未来を意識し、未来に働きかけ、自然と成果を上げ、幸せになっていきます。

実践例から見る3つのキーワード

では、この3つのキーワードを使ってフィードフォワードに成功した例を見ていきましょう。

ある食事会で65歳の経営者が私の隣に座りました。九州地方ではかなり有名なショップを経営している成功者です。

私の著書を読んでくださっていて、「教えを乞《こ》いにきました」とおっしゃいます。

100年近く続いている会社の4代目ですが、どこか元気がなく、迷いも感じられました。

私は食事の間、時々その方にフィードフォワードをしました。もちろん「フィードフォワードします」「フィードフォワードを行います」などとは言いません。

簡単な自己紹介をしてリラックスした雰囲気になったので、

「最近どうですか？」

と尋ね、相手の話を聞きました。

相手がおっしゃることには1つ1つ、「そうですか」「すごいですね」とうなずきながら話を聞きます。時にはネガティブな話も出てきますので、「それは大変でしたね」と**過去の出来事にしてしまいながら**、話を未来に向けていきます。そして、

「これからどうしたいですか？」

と聞きました。

「九州地方で一番になります」

とおっしゃっていたので、

「すばらしいですね。もっと先にはどうしたいですか？」

と投げかけました。相手の話の内容を勝手に私の頭のなかで膨らませ、

「西日本で一番はどうですか？」

「関東まで伸ばせませんか？」

などと聞きます。

相手の方は話をしているうちに笑顔になり、

「お話ししているうちに、何だかやるべきことが見えてきた気がします。今日はありがとうございました」

と言って帰っていきました。このように、フィードフォワードは「やるぞ」と身構えなくても日常的に実践することができるものなのです。

6

フォワーダーに大切な聞く力

大きな耳、小さな口、優しい目

フォワーダーはレシーバーの成功に対して、「純粋な関心」と「支援する姿勢」をもちます。

そのためには相手の話を最後まで聞くことが大切です。

必要なのが「傾聴力」、つまり単に「聞く」のではなく、心を込めて、注意深く「聴く」力です。

注意深く聴いていれば、相手が話をしている途中、いろいろな感想をもったり、疑問を感じたりするはずです。

そのときは、

「そうですか。それで、○○さんはどうしたいのですか?」

などとシンプルに質問します。

仕事をしていると「大きな口、小さな耳、険しい目」になりがちです。「大きな口」とは自分の意見ばかりを言うこと。「小さな耳」とは人の話を聞きにくくなること。「険しい目」とは人の欠点や失敗を探すことです。

ですが、必要なのは「大きな耳、小さな口、優しい目」です。「大きな耳」とはじっくりと話を聞くこと。小さな口とは本当に必要なことだけを話すこと。「優しい目」とは相手の未来を視ることです。

愚痴を聞きすぎてはいけない

ただし、気をつけないといけないこともあります。話をじっくり聞くことは大切ですが、聞き方の工夫は必要です。

たとえば、「何か困っていることない?」と聞くことがあるかもしれません。部下、同僚、友人、恋人、夫婦間でも、比較的日常的な質問かもしれません。それが良好な関係づくりの1歩と考えている人もいると思いますが、「困っていることない？」と聞かれると、脳は現在のお困りごとを探し始めます。脳が「困っていること」にフォーカスし、その人の活動を停滞させることになります。

あるいは、愚痴を言っている人に「うんうん、そうだよね」「それで？」と聞くことがあります。

悩みや迷いは誰でも抱えていますが、口に出すと強化されます。そして促されるままに話し続けていると、「そこまで言うつもりはなかった」というところまで話してしまい、後悔することがあります。

「本当にそう思っていたかわからない」ことや「軽い気持ちで話していたにすぎない」ことでも、口に出してしまうと脳内の回路を強化してしまいます。

どんどん掘り下げて話を聞いてあげることが相手の役に立つとは限りません。

話し始めたときよりも愚痴やネガティブな言葉が増えてきたと感じたら、話をやめる、話題を変えることが、その人にとっていい場合も多いのです。

なぜ話を聞くのか

話を聞く背景には様々な目的があります。たとえば、

・その人と仲良くなるため（気に入られるため）に聞く
・その人の悩みを解決するために聞く
・その人と自分の課題を解決するために聞く
・その人と会社全体の課題を解決するために聞く

などです。

このなかで一番下のレベルは、「気に入られるために聞く」です。

たとえば偉い人に対して、それほど興味はないのに「そうですね。おっしゃる通り。さすが部長」と太鼓持ちのように対応する場面です。

これは「自分のため」に聞いている状態です。気に入られることで自分の立場をよくすることがねらいです。

心がけたいのは「相手のため」に聞くこと。「相手のため」という視点をもつと、「これ以上は聞かないほうがいい」という判断もできるようになります。

7 フィードフォワードに必要な「待つ力」。焦りは禁物

「これからどうしましょうか？」は時間を置いてから聞く

私は仕事の性質上、クライアントはもちろん友人からもメールやＬＩＮＥなどで相談を受けることがあります。

長文の相談でも、まずは受け止めて「そうでしたか。大変でしたね」と返事をし、しばらく時間を置きます。そして半日くらいしてから、「これからどうしましょうか？」と未来に目を向けてもらうためのメッセージを送ります。掘り下げて聞くことはしません。

「そうでしたか。大変でしたね」と送ると、相手の脳と心のなかで整理が始まりま

す。自分が送った相談内容を改めて受け止めて、自分が置かれた状況を少し高い視点で見つめ直せるようになります。もしかしたら大したことないかもしれない、あるいは何とかなるかもしれない、と感じ始め、落ち着きを取り戻します。

それくらいのタイミングで「これからどうしましょうか?」というメッセージが私から届きます。脳のなかで情報が整理され、自然に前を向いて、自分の未来やゴールについて話をしたくなります。

これはメールやSNSでのコミュニケーションに限りません。

相手の状況を見て、混乱の渦中にいると感じたときには、何も言わず、しばらく待ちます。しばらくしてその混乱が整理されてきた頃に、「これからどうしましょうか?」と聞きます。そうすると、「そうですね、考えたんですけど」と話し始めてくれます。

「これからどうしましょうか?」と聞いたときに、引き続き過去や現在の問題について話をしたり、愚痴が続くようならば、まだ整理されていない可能性が高いのです。そういう場合にはもう少し時間を置きます。

前提として、脳が様々な情報を整理するためには、ある程度の時間が必要で、それは本人のペースに任せるしかない、ということがあります。

過去を掘り下げることはリスクをともなう

話を聞く、ということは相手を背負うということです。

聞くだけ聞いて何もしないというのは無責任ですし、話した人にとってはリスクにもなります。「聞きすぎて背負うことができない」ということがないように、ほどほどのところで切り替え、未来の話をしたほうが結果的にお互いハッピーになります。

かつて、トラウマなどで悩んでいる人の過去を掘り下げて、起きたことや原因などを理解し、自分や周囲を許すことで改善を目指す、というスタイルの治療法がありました。たしかに過去を掘り下げていくうちにトラウマの原因が見つかり、それを解消することで元気になる人も稀《まれ》にはいます。

ですが、たいていは複数の原因が絡み合っていて、簡単には解きほぐせません。運よくいくつかの原因にたどり着いて解きほぐしたつもりでも、それは一時的なもので、脳内にできあがったパターンが強すぎて、すぐに元に戻ってしまうことが多いものです。

また、認知科学的に言うと、過去を掘り下げてトラウマを探すという行動は、脳の

「嫌な思い出回路」に繰り返し電気信号を流し、同じ体験を追体験していることになります。たとえば、いじめられたことを2回思い出せば、脳内反応、および身体反応としては、2回いじめられたことと同じです。それを繰り返したら、精神状態、ひいては体の状態まで悪くなるのは当然のことです。

未来に目を向けることで再構築される

ですから、過去を掘り下げるのではなく、未来に目を向けることです。

未来に目を向けると、過去の情報は脳内で自動的に整理、再構築されます。望ましい未来に適合するように、過去の情報が（ある意味）都合よく整理され、過去に大変な出来事があったとしても、「あのときに、あの苦労をしてよかった」という記憶が構築されて、ハッピーに未来に向かえるようになります。

起きた出来事は変わらないかもしれませんが、出来事への解釈は自分ですればいいのです。その解釈を他人にゆだねる必要はありません。

私の知り合いに小さい頃に両親を亡くした男性がいます。彼は苦労を乗り越えて実業家として成功しています。彼は自分の過去について、「そのときは本当に辛かったけれど、両親が早くに亡くなったことで、幼いうちからいろいろな人生経験ができ、それがいまの自分につながっている」と語ります。過去の辛かった思い出が、価値ある出来事として脳内で再構築されているのです。

これは、現在の状態によって、過去の記憶が再構築されている例です。フィードフォワードでは、もう1歩踏み込んで、「未来の記憶」をつくることによって過去の記憶の再構築を促します。

「未来の記憶」というのは聞きなれない言葉かもしれませんが、認知科学の世界ではごく普通に使われている考え方です。

まず、脳は「実際に起きた」ことと「そうでない」ことを区別できないと言われています。

たとえば、ある出来事が起きた場面をイメージします。その出来事は「実際にはまだ起きていない」ことだとしても、そのイメージが鮮明で、リアリティが十分に高いと、脳は「実際に起きた」出来事のように受け取ってしまいます。未来のイメージなのに、脳にとってはすでに起きた「記憶」のように感じられるのです。そして、脳は、その「未来の記憶」に合わせて過去の記憶の整理、再構築を始めます。結果、辛かった思い出があったとしても、それは「未来に向けて必要な経験だった」と感じられるようになります。

「前は○○と言っていたよね」というのはタブー

私はクライアントに対して、フィードフォワード・セッションを月に1回程度行っています。するとレシーバーの言うことが、前回と変わっていることがあります。ゴールが更新され、より大きなことを話してくれることが多いのです。

そのとき「先月はこう言っていましたよね」と言うことはしません。わざわざ思い出させるようなことを言うと、レシーバーの脳内が1か月前に戻ってしまいます。1か月前の回路をわざわざ刺激し、そのときの状態に戻らせるわけですから、1か月分の進展が台なしです。何らかの事情でいまが不調で、以前がとてもよかったのであれば話は別ですが、ほとんどの場合、わざわざ前に戻す必要はありません。

一般的に、上司と部下の面談、教師と生徒の面談などで、「あなたはこのような目標を掲げていたが、5つのうち4つは未達である」などと告げる場面があります。本人ができなかった事実をすっかり忘れているのなら別ですが、きちんと認識しているのなら、わざわざ強調することに認知科学的な価値はありません。

アドバイスを求められたら

フィードフォワードの途中で、ゴール達成に関して具体的なアドバイスを求められることがあります。たとえば、

「私は海外でやりたいプロジェクトがあるので、英語がうまくなりたいのです。どうしたらいいでしょうか」

などと聞かれるケースです。このときはまず、

「いいですね。いま、どんなふうにやろうと思っているのですか？」

と聞いてみます。

「まずは単語を覚えようかと思っています」

「そうですか。いいと思いますよ」

と肯定します。そして、「常に自分に合う方法を探し続けてくださいね」とつけ足します。

こういうことです。まず、レシーバーが話してくれたことは、基本的に何でも肯定しましょう。その時点でレシーバーが、自分のゴール設定、ターゲット設定の下で見

出した方法ですので、尊重するのは当然です。そのうえで、「いまのアイディアだけにとらわれず、いろいろと検討してみてくださいね」と促します。ゴールやターゲットを設定すると、脳はその時点での最適な方法を見つけてくれます。また、その最適な方法は状況の変化に合わせてどんどん変わります。短期の「フィードフォワード」→「アクション」（ＦＦＡ）プロセスのところで説明した「無意識の調整」によって、日々いろいろなアイディアが浮かんできますので、新しいアイディアはどんどん取り入れていくといいと思います。

フォワーダーはレシーバーの案内人です。選択肢を提示することはあっても、自分の考えを押しつけることはしないように注意しましょう。

8 フィードフォワードはあらゆる学習パターンに使える

3つの学習パターン

私たちの学習パターンは3つに分類されます。

行動型…とりあえずやってみたい
分析型…先に全部知ってからやりたい
模倣型…真似《まね》をするのが一番速い

たとえば、あなたがデジカメを買ってきたとします。まず最初にどうするでしょう？「すぐにスイッチを入れて撮り始める」なら行動型、「説明書をじっくり読み込む」なら分析型、「詳しい人にコツを教えてもらう」なら模倣型です。

その後に、どうしてもわからないことが起きました。このときはどうしますか。最初は「すぐに撮る」だったけれど、困ったときには「説明書を開く」だったなら、あなたは行動型と分析型のハイブリッドです。どの学習タイプが自分に当てはまるかは、だいたい自分でわかるものです。

学習パターンによってコミュニケーションは変わる

3つの学習パターンのうちのどれが強いかを知ると、効率よく仕事を進めることができます。

たとえば営業部に配属された新人に対して、

「とりあえず電話してみればいいんだよ」

と行動型の上司が言います。新人が分析型の場合、

「商品のことがほとんどわからないのに、電話なんてできない」

と思います。分析型の人は商品の性能などを覚えてからでないと、なかなか行動を起こせないのですが、入社したばかりの新人が上司に対して、「まだ商品のことを覚

えていないので電話なんてできません！」と言うのはハードルが高そうです。そんな状況なのに、上司があくまでも「わからなくていいから電話してアポを取ればいいんだよ！　仕事は体で覚えろ」というスタイルの場合、この新人社員は、もしかしたらこの仕事を続けることすら難しいかもしれません。

一方、行動型の新人は何もわからないまま、とりあえずアポイントだけを取ってきて、「同行をお願いします」と言います。模倣型は「同行させてください。見て覚えます」と言うでしょう。

学習パターン別のサポート

分析型は間違いや失敗を嫌う傾向があるので、学習時間を十分に与える必要があります。ロールプレイング（役割演技法）なども行い、多方面から検討させます。納得いくまで勉強する機会を与え、その間はあまり干渉しないほうがよいでしょう。1歩ずつ伸びていきます。

行動型は「やってきなさい」「気が済むだけやってください」と、行動を後押ししてあげます。アドバイスはあまり聞かず、自分でやってみて判断し、学ぶ人たちです。絶対にやってはいけないことだけはきちんと教えておけば、ほどほどの失敗をしながら、成長していきます。スタートダッシュが得意なので、その勢いを削《そ》がないようにしたいものです。

模倣型の人は全体のプロセスを理解したいので、できるだけ早い段階で全体を把握する機会をつくってあげます。また、できる人の仕事をじっくり観察する機会があると伸びやすくなります。仕事を分解して身につけることが苦手なので、部分と全体の関係を教えてあげるとよいでしょう。

外から見ると、はじめの印象や評価は行動型がよくなりがちです。やっていることが派手なので、熱意をもってやっているように見えます。また、行動量が多いので成果も上がりやすいのです。

分析型はスロースターターなので、最初のうちはこれといった成果が上がりません。でも、着実に力をつけていくので、気がつけば追いついてきて、最終的に追い越してしまうこともあります。

模倣型は、行動型とのハイブリッドの場合には、はじめにグッと伸びますが、分析型とのハイブリッドの場合には時間がかかります。いずれの場合でも、全体像を把握することが得意なので、動き出せば広い視点で活躍できる頼もしい存在になります。

「部下」と「上司である自分」のタイプが異なる場合には注意が必要です。自分のタイプを押しつけないように気をつけましょう。自分自身は行動型で、「とにかくやってみればいいのに」と思っても、相手が分析型であれば、その人が学ぶための手助けをします。あるいは模倣型だとわかった場合には、先輩との同行を多めにするなど、常に相手（部下）本位で考えることです。上司はつい、自分のやり方を押しつけてしまいがちですが、相手に合ったやり方が一番よいのです。

経験していくうちにやり方がわかる

自分は行動型タイプだと感じていても、仕事を長く続けていくうちに、全体を把握（模倣型）したほうが仕事が速く進むな、などと仕事のやり方を工夫するようになります。

料理を例にとると、「レシピ通りにやる」人（分析型）、「とりあえず1回つくってみる」という人（行動型）、「誰か教えて！」という人（模倣型）に分かれます。

最初は分析型で恐る恐るやっていた人も、長く料理をしているうちに、はじめてつくる料理でも、レシピを見つつもこうやったら手際よくできる、とか、本のやり方はこうだけど私はこのほうがやりやすい（行動型）など、自分なりの工夫が出てきます。いろいろな経験をしながら応用力がついてくるのが一般的です。

このように、人それぞれ学びやすいスタイルがあります。上司と部下の面談のなかではもちろんですが、人と接するときには、いつでもそれぞれのスタイルを意識しながら、コミュニケーションをとるとよいでしょう。

ただ、実はフィードフォワード面談は、レシーバーの学習スタイルを選びません。誰に対しても同じアプローチで行うことができます。なぜなら、フィードフォワードは未来に目を向けるだけだからです。どのタイプであろうと未来に目を向けた後には、行動が違ってきます。

PARTⅡでは、上級フォワーダーになるための考え方や技術をお話しします。フィードフォワードは未来に意識を向け、未来に働きかけるだけでよいのですが、より高度で効果が高いフィードフォワードを行うために、フォワーダーが意識したいことは、「レシーバーの抽象度を上げる」「レシーバーのエフィカシーを高める」「レシーバーのゴール設定を手伝う」の３点です。これらを意識することで、よりよいフィードフォワードができるようになります。

PART Ⅱ

上級フォワーダーへの道

第 4 章

レシーバーの抽象度を上げる

1 抽象度が高くなると視野が広がる

高所から自分の立ち位置を見る

抽象度とは何でしょうか。まず大きな円を想像してください。この円を仮に「新聞」と名づけます。この円のなかには新聞各紙が入っています。

このとき円は「集合」で、なかに入っている新聞各紙は集合の「要素」です。具体的に言えば、「新聞」という集合のなかに、『読売新聞』『朝日新聞』『毎日新聞』『日経新聞』などが入っています。

この場合「新聞」は、『読売新聞』『朝日新聞』『毎日新聞』『日経新聞』よりも抽象度が上です。低い抽象度に入っている新聞各紙は、高い抽象度の「新聞」という概念に包み込まれています。

抽象度とは

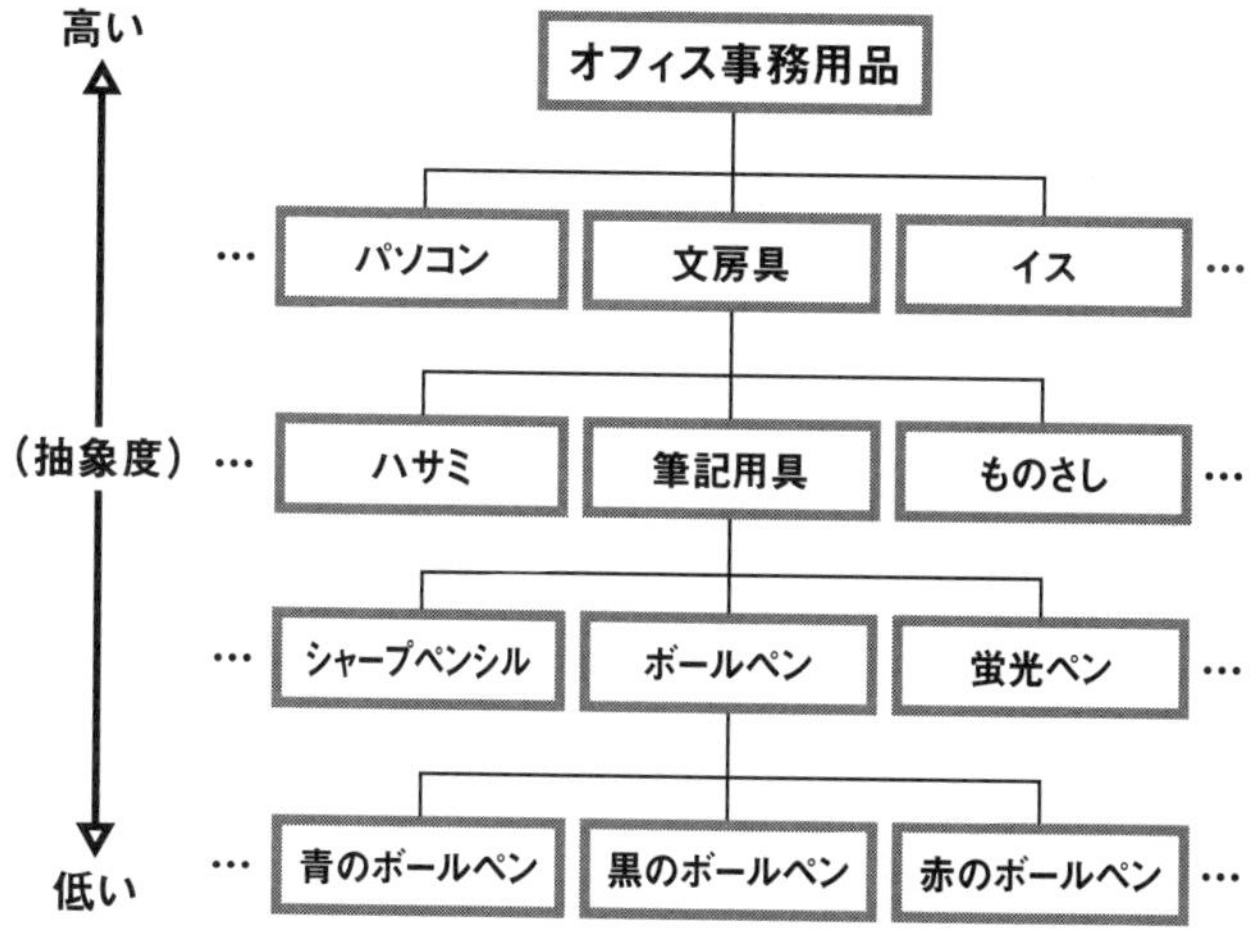

抽象度を上げるというのは、ヘリコプターに乗って、高い所から眼下の景色を眺めるようなものです。

地上にいたときには自分の周囲しか見えなかったのに、少しずつ上空に上がっていくと、自分のいた場所が○○町であったとわかります。さらに上昇すれば△△市であり、◎◎県であることがわかり、認識が変わります。

あるいは、あなたがオフィスにいて「黒のボールペン」を握っているとしたら、そのうえの抽象度には「ボールペン」「筆記用具」「文房具」「オフィス事務用品」といった異なるレベルの概念が存在し、隣には

「青のボールペン」や「赤のボールペン」があると考えれば、比較的わかりやすいかもしれません（133ページの図参照）。

フィードフォワードの際、フォワーダーがレシーバーの現在の抽象度を意識することができると、フィードフォワードの効果はとても大きくなります。

抽象度が上がらなければフィードフォワードにならないということではありませんが、抽象度が上がるとレシーバーの状態はさらによくなります。

抽象度が高くなると視野が広がり、これによって、レシーバーはより明確に未来を視ることができるようになります。

レシーバーの抽象度を見極める

フォワーダーはレシーバーの抽象度を感じながら未来の話をします。レシーバーの抽象度が明確にわかる必要はありませんが、あるテーマについて、どのように世界をとらえているだろうかと考えます。

どれぐらい自分以外の人のことを考えているかは、抽象度の把握の1つの指標になります。自分のことだけに夢中な人は抽象度が低く、周囲のことも考えられるようになると、抽象度が上がっていきます。

たとえば、営業職にフィードフォワードをしていて、その人が「自分の仕事」について話をしていたとします。そのときフォワーダーが、

「あなたのチームはこれからどうしていくといいと思いますか？」

と聞いたとします。

このときの反応で、レシーバーの抽象度をおおまかに把握することができます。たとえばAさんが、

「えっ、チームですか？　自分のことで精いっぱいで考えたことなかったな」

と言う場合、抽象度は低いと言えます。

「新しいプロジェクトに向けて、メンバーがいい雰囲気で動いています」

とBさんが答えたならば、Bさんは同僚のことも意識して仕事をしていることがわかり、先ほどのAさんよりも抽象度が高いです。さらにCさんが、

「新しいプロジェクトのために、製造部門と定期的にミーティングをしたいです」

と話してくれた場合には、Cさんは営業部にいながら製造部門のことまでをもチームとして認識していますので、さらに抽象度は高い、ということになります。

フィードフォワードで抽象度を上げるとは？

フィードフォワードの際に、以下のようなこともできるでしょう。

たとえば、部下が「こんな企画を考えました」と言ったとします。

そのとき上司は、

「いいですね。この企画を生かして部署全体を変えるようなことをするにはどうしたらいいですか？」

と問いかけます。これは1段高い抽象度を意識させる言葉がけです。

それに部下が応じてくれたら、さらに、

「とてもいいですね。仮にこの企画を、会社全体を動かすように提案するとしたら何が必要でしょう。一緒に考えてみませんか？」

と問いかけます。さらに抽象度を上げるように意識させる言葉がけです。

フィードフォワードはレシーバーの思考が未来に向くように促す技術ですが、その際、レシーバーが抽象度のピラミッドを上っていけるようにサポートします。具体的には、レシーバーがいまいるよりも、1段上の抽象度でフィードフォワードを行うことです。これはレシーバーの抽象度を一気に引き上げるパワフルな技術です。

成功している経営者が、自分の体験を話しているのを聞いたことがあるかもしれません。

たとえば、「週末にヨットでカジキ釣りに行った」と話していたとします。「何だまた自慢話か」と思う人もいるかもしれませんが、そうとも限りません。実は、期待をかける若手に1段上の抽象度の話をしている可能性があります。自分が想像したことがない世界の話を聞くだけで、グッと視点が上がります。

そこに「今度一緒に俺のヨットでカジキ釣りをしよう」という話が加わると、フィードフォワードになります。1段上の抽象度でフィードフォワードをされると、レシーバーの未来への臨場感は強烈に高まります。

このような問いかけ、言葉がけによって、抽象度が高い世界にリアリティを感じることができると、レシーバーの抽象度が1つ上がります。

2 レシーバーの抽象度レベル

レシーバーのレベルとは何か

抽象度についてわかりやすくまとめておきましょう。141ページの図は、抽象度のレベルの目安についてまとめたものです。

上級フォワーダーはその時点のレシーバーのレベルを見極め、1つ上のレベルに引き上げることができます。以下、1つ1つ確認してみましょう。

レベル0…混沌《こんとん》：何をどうすればいいのかわからない状態
レベル1…現状肯定、現状維持がゴール
レベル2…学び中／向上中：現状の外のゴールを実現するための方法、技術が存在

することに気がつき、学び始めている段階

レベル3…具体的に理解＋自分に適用：ゴールを実現するための方法、技術を理解し、自分自身のために運用することができる段階

レベル4…抽象化＋専門分野の読み解き：全宇宙を整合的、階層的に見ることが可能だと理解しつつあり、自分の専門分野で運用している段階

レベル5…全宇宙の抽象化＋各分野に応用：全宇宙を整合的、階層的に理解する抽象度をもち、かつ複数の分野で運用している段階

レベル6…新しいルールの発見、開発

フィードフォワードが特に必要なのは、レベル0〜3のレシーバーに対してです。

レベル0〜3について、別の言い方をすれば、

レベル0＝「混乱のなか」……ゴールがわからない、ゴール実現のために何が必要かほとんどわからない

レベル1＝「自分はこの程度でいいんだ」……妥協、あきらめ

レベル2＝「わかり始めている」……道が拓《ひら》けてきた、ゴール実現の方法を学び始

めている
レベル3＝「使っている」……道が見えている、学んだことを実践することができる

となります。

フォワーダーはレシーバーの現在のレベルを見極め、「混乱のなか」の段階だったら、より抽象度が高い世界の存在を示唆して、混乱を落ち着かせるようにします。「わかり始めている」段階になったら、しっかり使いこなせるように導く、というように1段ずつ上がっていけるようにします。

話を聞きながら相手のレベルを把握し、1つ上に引き上げるのが、一流のフォワーダーです。

なお、ここでご紹介した抽象度のピラミッドは、仕事、趣味、健康、家族、などそれぞれの人が重要だと考えている項目ごとに描けるもので、画一的な階層とは異なります。たとえば、私自身は「フィードフォワード」に関してはピラミッドの上のほうにいますが、家族のために「ケーキを焼く」という役目を任された場合には、「レベル0…混沌：何をどうすればいいのかわからない状態」に陥ります（苦笑）。あくま

情報階層性ピラミッド
“いまいる抽象度によって見えている世界は違う”

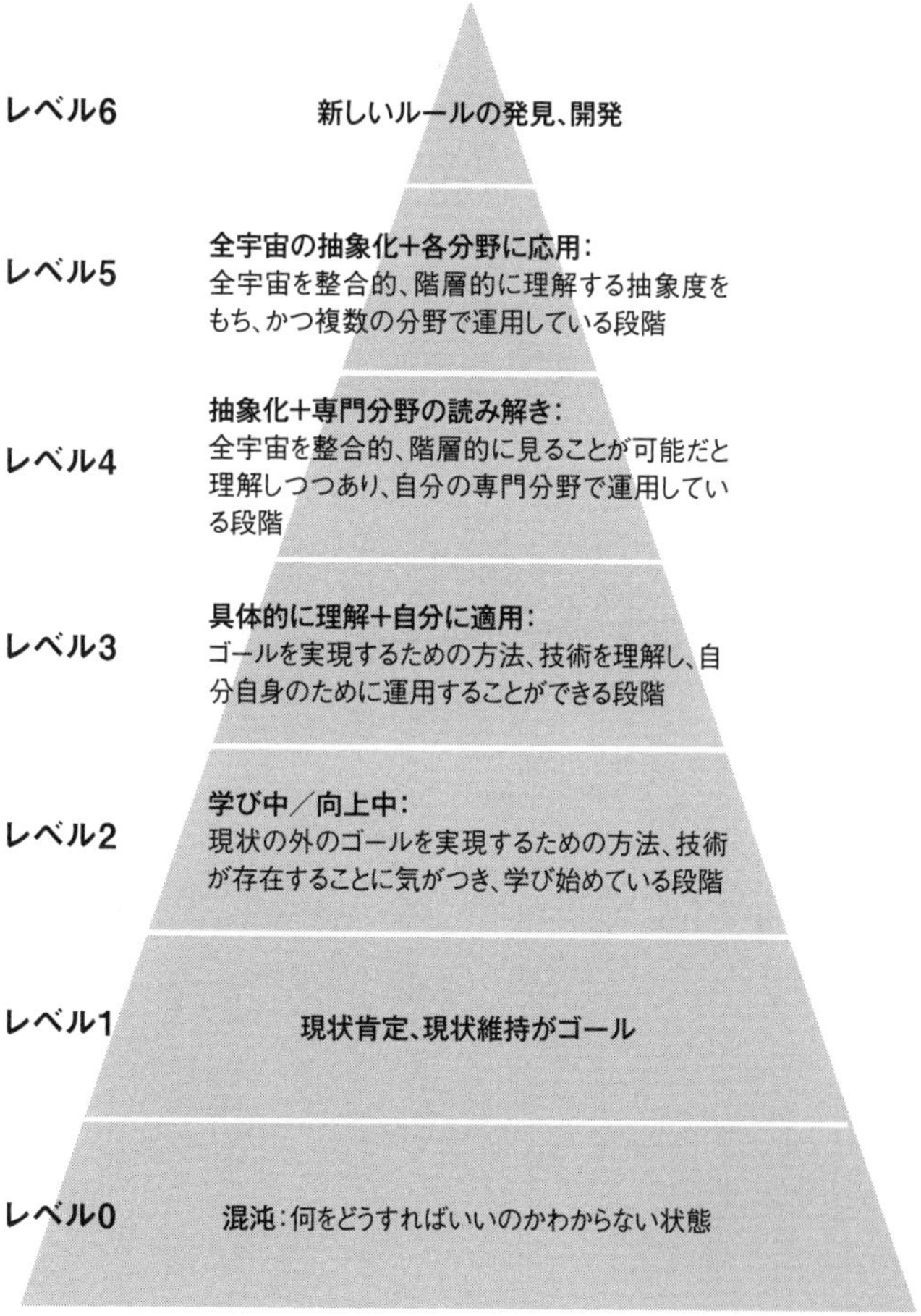
レベル6
新しいルールの発見、開発
レベル5
全宇宙の抽象化＋各分野に応用：
全宇宙を整合的、階層的に理解する抽象度をもち、かつ複数の分野で運用している段階
レベル4
抽象化＋専門分野の読み解き：
全宇宙を整合的、階層的に見ることが可能だと理解しつつあり、自分の専門分野で運用している段階
レベル3
具体的に理解＋自分に適用：
ゴールを実現するための方法、技術を理解し、自分自身のために運用することができる段階
レベル2
学び中／向上中：
現状の外のゴールを実現するための方法、技術が存在することに気がつき、学び始めている段階
レベル1
現状肯定、現状維持がゴール
レベル0
混沌：何をどうすればいいのかわからない状態

でも分野ごとの階層なのだとご理解ください。

レシーバーの様子を五感で判断する

フォワーダーは、レシーバーの抽象度を見極めるために、レシーバーが話す言葉に耳を傾けるだけでなく、相手の様子を五感全体で感じます。これを「観察」と呼んでいます。話をしながら、相手がピンときているかどうか、返事をしたりうなずいたりしているが本当に伝わっているか、前のめりになっているか、目に光があるかどうか、などを感じながら会話を続けます。

やみくもに抽象度が高い話ばかりをしても効果はないので、相手の様子を五感で観察し、どの抽象度にいるのかを確認しながら、未来についての発言をします。

こんな例があります。34歳で独立を志している男性がいました。彼は技術系の仕事をしていますが、半年後に独立することを決め、現在の職場にはそのことを伝え、了解をもらっています。

彼とフィードフォワード・セッションを行いました。まず、彼の抽象度を把握する必要があります。

専門分野に関しては、技術も経験も高いレベルにあるのが事前にわかっていました。ですが独立開業という点に関して、どれくらいの抽象度にいるか、そのことを把握するために、いくつか質問をしました。

「1か月に確保しなくてはならない売上はどれくらいかわかりますか?」

「だいたいわかります」

「そのためには、何人くらいのお客さんが必要ですか?」

「いま計算しているところです」

さらに、「どういう人を対象にしたいですか?」「いま考えられる事業リスクは何ですか?」など、いろいろ聞きましたが、結論としては、独立の準備が十分とは言えないことがわかりました。

ただ、「どうなったら嬉しいですか?」という質問に対する答えは比較的明確で、彼は自分のゴールをきちんとイメージし、そこにフォーカスしていました。独立するうえでは特に大事なことです。

ただし、そこに至るまでのプロセス、明日からどうしていいかがわかっていませんでしたので、「事業計画を立てたことはありますか?」と聞き、

「いえ、ありません」

「では、事業計画の立て方はどうやって学べると思いますか？」

「セミナーとか本で学べるでしょうか？」

「まずは本を2、3冊買って読んでみたらどうでしょうか？」

という流れで、最後は具体的なアドバイスになりました。

相手を思うから成長できる

どうやったら人のマインド（脳と心）が変わるのかということの本質について考えておきましょう。

レシーバーの現状を見極め、その人を1段上のレベルに誘うとき、フォワーダーは自分のことは一切考えないようにします。

フィードフォワードは、ひたすら相手のために行うからこそ効果が上がります。自分のエゴが少しでも入ると、相手の無意識はそのことに気がつき、心を開いて抽象度の階段を上ることができません。フォワーダーが絶対的に味方をしてくれるというのが必要条件です。

レシーバーはすべてをフォワーダーに預けてきます。レシーバーは自分のすべてを話します。フォワーダーは全面的にレシーバーを受け止めます。そこに自分の利益が入ったら成立しないのです。

相手のことを心から思うことで、相手のマインドは変わります。

これからの組織に必要な仕組み

これは組織のなかの権限委譲に関係する話です。

安心して権限を委譲するためには、委譲する相手に対して「彼（彼女）ならきちんと仕事をこなしてくれる」と思える必要があります。頼りにならない部下だと、自分がやったほうが早くて安心だ、と思ってしまうのでなかなか任せられません。

本当に安心して任せるためには、自分の部下が自分よりも（少なくともある分野で）優秀な人材だったら理想的です。積極的に権限委譲を行うためには、部下を徹底的に育て、また、優れた人材を採用していかなくてはなりません。

一方で、それは怖いことです。抜かされたり、自分の仕事がなくなったりする可能性があるからです。組織内でこの恐怖が勝るようだと、上司は力のある人を採用したり、育てたりしなくなります。これは親子関係でも起きることです。親が子どもに自分を越えてほしくないと無意識に思うようになると、夢を妨害したり、成長に蓋《ふた》をしたりしてしまいます。

上司が安心して部下に「自分を超えてほしい」と思えるようになるためには、自分を超える部下を育てたり、採用した上司が、高く評価される仕組みが会社に備わっている必要があります。

「A課長自身がすごい実績を上げて引っ張っているからあの部署はすごい」

というのと、

「B課長自身の実績はほどほどだけど、優秀なチームをつくって結果を出しているからあの部署はすごい」

という場合、後者のBさんのほうが高く評価されるような人事制度でなくてはならない、ということです。

シリコンバレーでは、「自分よりも優秀な人を採用できる人」が高く評価される傾向が強いと聞きます。日本のIT系企業でも、少しずつそのようになっています。

私はこれこそが、組織が成果を上げ続けるための、特に重要な方法だと思っています。組織は人で成り立っているからです。

3 組織と個人で共通の未来を視る

組織は個人のゴールを尊重し、個人は組織のゴールを尊重する

どんな組織もゴールをもっています。そして個人もゴールをもっています。

組織のゴールと個人のゴールが一致していると、仕事を頑張れば頑張るほど組織での貢献も大きくなり、自分の夢にも近づいていくことができます。

しかし、実際には個人の夢と会社の仕事は別という人もいます。会社に自己実現を求めない人も増えています。

こういうときに、組織のゴールと個人のゴールが少しでも重なる「共通の未来」を見つけることが重要です。

たとえば、トライアスロンが何よりも大事という人がいます。

仕事は、トライアスロンに出場するための資金稼ぎだと言います。それでいいのです。このような場合、仕事は定時の間、きちんとやってくればいい。仕事以外の時間をどのように使っても自由です。組織は「定時の間、きちんと働いてもらう」、個人は「定時の間、働いてお金を得る」という点で利害が一致しています。

ですが、そのように振る舞っている人でも、会社のために貢献したいという気持ちはあるものです。そうでなければ会社を辞めているでしょう。

組織は個人のゴールを尊重し、個人は組織のゴールを尊重したうえで、それぞれが成功している共通の未来を描き、そこに向かって進んでいるときに、バランスが取れた関係になっています。

普段のコミュニケーションでゴールを把握する

社員が10人いれば10個の未来があります。

当然、個人と組織の共通の未来も10個になります。

１００人いれば１００個の、１０００人いれば１０００個の、共通の未来が必要になります。共通の未来を描くためには「抽象度」の考え方を使います。抽象度が上が

組織と個人がある抽象度で
ゴールを共有する

- 組織にも個人にもバランスホイール（P189参照）がある
- 社員の人数分だけ 共有したゴール をつくる
- 共有したゴール は、直属の上司がフィードフォワードによって部下と一緒につくる
- 会社のトップはとても高いゴールを設定し、維持する

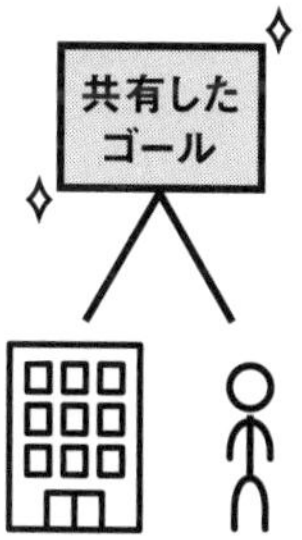

れば、共通の未来が描きやすくなります。

たとえば1ON1ミーティングの際に、上司が部下の目指していることを把握していたら、

「あなたは○○の能力を活かしたいと言っていましたが、新しいプロジェクトでそのチャンスがありそうですよ」

などと話すことができます。

会社のトップは高いゴールを掲げ、常にメンバーを引っ張っていく一方、現場では上司が部下のゴールを見ながら、共有するポイントを見つけます。

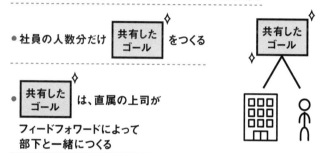

これが組織と個人が「一緒に共通の未来を視る」ということです。上手に使いこなせるようになると、会社と個人が一緒になって、未来に向かって進めるようになります。

会社と個人の共有する未来は、部分的な重なりで十分です。個人が会社にすべてを捧げる必要もありません。

もし、社員のゴールのほうが会社のゴールよりも大きくて魅力的だった場合に、その人の意見を聞いて、「そちらに合わせよう」と言ったとしたら、なかなか魅力的な会社です。部下のゴールがすごければ、そのゴールを採用してもいい、会社のトップにはそれぐらいの度量がほしいものです。

4 価値観が違う世代間でのコミュニケーションの鍵は抽象度

世代間ギャップを埋めるフィードフォワード

いまの社会には様々な価値観をもっている人がいます。個人の価値観だけではなく、時代背景によって培われたものもあり、昭和の価値観をもっている人たち、平成の価値観をもっている人たち、ゆとり教育の価値観をもっている人たちなど、多岐に分かれます。それぞれ異なる価値観をもっているので、コミュニケーションをとっても、お互いに相手のことが「よくわからない」と違和感を覚えることもあるようです。

会社の構成メンバーを18~65歳とします。2018年の今年、18歳の人は平成12年（2000年）生まれ、65歳の人は昭和28年（1953年）生まれです。生年が最大

47年違えば、その間の社会の様子や経験したことも違いますから、価値観が異なるのも当然です。

50、60代の人は、とにかく猛烈に働くことがよしとされた時代を生きてきました。1980年代後半からのバブル景気も味わっています。

その後、「失われた20年」のなかで就職氷河期を経験し、家事も共働きで分担し、多様さを体現する世代が現れました。

さらに、ゆとり世代は、「ゆとり教育」（2002年度実施の小中学校学習指導要領、2003年度実施の高等学校学習指導要領）を受けたことがある世代（1987年（昭和62年）4月2日～2004年（平成16年）4月1日生まれ）とされています。

このように、組織のなかには様々な世代の様々な価値観をもつ人がいます。すべての世代の人と、上手にコミュニケーションをとる方法はなかなかないものですが、実はフィードフォワードは、あらゆる世代のあらゆる価値観の人とのコミュニケーションで有効に機能します。

アドバイスをしても納得しなければ動かない

ここでは一例として、多くの人が悩みを抱えるゆとり世代とのコミュニケーションを例に話を進めます。

「ゆとり教育」へのシフトに当たっては、知識偏重から脱却し、思考力を重視した学習指導要領が土台となり、「総合的な学習の時間」の新設、体験・実感を育むための実験、観察、調査、研究、発表、討論の強調など、大幅な改革が行われました。

ゆとり世代は上の世代とは、まったく異なる価値観をもっています。

彼らは「お手本になりたい」「褒められたい」「仲間と一緒にやりたい」という意識をもっています。また、自己認識として「基本的なことがわかっていない世代」と自ら言いきり、わかっていないのだから、教えてもらうのは当然と考えています。基本的に、これまでほとんどのものを与えられてきた世代です。そのため、わからないのは教えてもらっていないからと考え、堂々と「何もわからない」と言います。

また、指示されるのが嫌いです。どちらかと言えば指示待ちですが、実際に指示すると反発します。

そして、意義がわからないとなかなか動きません。何をするにしても本質的な理解を求める傾向が強く、あるプロ野球のコーチが、「アドバイスしても納得しなければ動かない」と話していたのを聞いたことがあります。少し上の世代だと、「とりあえずやってみろ。やっていくなかで見えてくるものがある」と言いたくなる場面がありますが、彼らは納得しないと動けません。

褒められて生きてきた世代

ゆとり世代は、これまでの人生で全般的に褒められ、承認されてきました。だから褒められないこと、承認されないことに違和感を覚えます。

彼ら、彼女らは褒められ、承認されてきたのですが、多くの場合、何か特定のことを成し遂げた結果ではなく、「何となく」の承認でした。その結果、いま、大人になって「認めてもらいたいけれど、何に関して認めてもらいたいのかよくわからない」という状態になっている人が多いのです。「ゴールなき承認欲求」と言えると思います。どこに向かおうとしているかわからないけれど「何かで認められたい」という承認欲求です。

世代ごとの比較で言えば、自己評価はかなり高いほうです。が、ゴールに向かうための自己評価ではなく、「何となく」褒められてきたことから来る自信なので、前に進む力は高くありません。

この世代の人と関わるときに大切なのは、本人のゴール設定を手伝ってあげることです。

ある会社で、クライアントから「彼は担当から外してほしい」と言われてしまったゆとり世代の新人社員がいたそうです。

本人がさぞかし落ち込んでいるだろうと思って、気を使った先輩社員が、慰める意味で「相性もあるよね」と声を掛けたのですが、彼は、「そうなんです。相性の問題なんですよ」と返したそうです。びっくりしたのは気を使った先輩です。「そうは言っても自分の力不足で悔しいです」というような言葉を想像していた先輩は、あんまりびっくりして「いや、そういう意味じゃなく、君にもまずいところがあったんじゃないかな」と言い直すこともできなかったそうです。この新入社員は、クライアントを怒らせてしまったことを反省するのではなく、先輩が「相性もある」と言ってくれたことを真に受けて、「自分は悪くない」との思いを強化してしまったのです。

そのうえ、「自分が外れることでチームのパフォーマンスが上がるのだから、全体最適だと思います」と話したとのこと。あまりにも他人事《ひとごと》の発言で、その先輩は二の句が継げませんでした。

このようなとき、フィードフォワードを知っていたらもう少しうまくいった可能性があります。クライアントのゴール、自社のゴール、新人のゴールを考えたうえで、新人に今後どのように行動してもらいたいかという視点で話を進めることができたなら、もう少し状況はよくなったかもしれません。ゴールから考えることで物事がスムーズに進む、というのがフィードフォワードの考え方です。

5 自分のことしか考えられない人の抽象度を上げる

自分と他者との関係について考える

抽象度の高さ、低さは、個人の経験、あるいは受けてきた教育などによっても変わってきます。

まず、「抽象度を上げよう」と言っても、「抽象度」という言葉自体が耳慣れないので、抵抗を感じる人はいるでしょう。でも、抽象度が上がると一気に悩みを解決することができます。「だまされたと思って、抽象度を上げてみよう」と伝えてみましょう。

では、抽象思考の入門です。

目の前に缶コーヒーがあったとします。

「これは何?」

「缶コーヒーです」

「もう少し大きなくくりで言うとコーヒーだよね。これが抽象度を上げているということ。では、もう少し抽象度を上げてみると?」

「飲みもの?」

「そう。もう少し抽象度を上げてみると?」

「液体?」

「そうそう。これが抽象度を上げるということ」

「抽象度」という言葉は一見難しそうですが、これぐらいの簡単なやりとりで、誰でもすぐに理解することができます。

多くの場合、自分1人のことを考えて悩んでいるために深刻になっています。そこで自分と他者との関連性に意識を置きます。

たとえば、「自分とチームのことを考えてみよう」「自分と部署のことを考えてみよう」などと言います。

仕事の失敗について悩んでいる部下がいたら、

「チームの視点だとどう見えますか?」

「部署の視点だとどう見えますか？」
「会社の視点だとどう見えますか？」
「業界の視点だったらどう見えますか？」

このように質問していけば「抽象度」という言葉を使わなくても、自然と抽象度は上がります。「抽象度」という言葉は、後で教えてあげれば十分です。

あるいは、「課長や部長の視点だったらどう思う？」という方法もあります。課長と部下が話をしている場面で「あなたが私だったらどう思う？」「僕の立場だったらどう言う？」というのも抽象度が上がる方法です。

指示するとフリーズする

また、ゆとり世代とのコミュニケーションでは、問いかけることが大切です。「こうするといい」と指示してしまうと、思考停止してしまうことがあります。ゆとり世代の社員が仕事で悩んでいるとき、上司が「こうやってみては？」と言ってもなかなか動きません。でも、「どうしたらいいと思う？」と聞くと、自分なりに考えて動けるようになります。

特に、この世代は意義を理解しないと動きません。そのうえ、褒められ、承認されて育ったため、プライドの鎧《よろい》を着ています。自分ができないことやわからないことを認めることができず、質問することもできず、自分の殻に閉じこもってしまいます。理解できないまま続けさせようとすると、体調を崩したり、さっと転職したりします。

経験を積んで、仕事をするための基礎体力をつける前に、心を開くことができず、なかなか前に進むことができません。

ですが、「どう思う?」「現状はどうなっていると思う?」「どうしたらいいと思う?」のように問いかけると、自分の意見が言えます。意外にも、と言うと失礼ですが、それまで動きが取れずに悩んでいた姿からは想像もできないほど、いいアイディアを出してくれたりします。

誰の頭のなかにもいろいろな思い込みがあり、これは洗脳されているのと同じ状態です。1つ1つの思い込みを理解し、解除していくしかありません。思い込みを外すためには抽象度を上げることです。思い込みを外すのは自分自身ですが、上手にフィードフォワードをすることで、ゆとり世代を含むどのような相手でも（思い込みを外す）手助けをすることができます。

もちろん、教えてしまったほうが早いこともたくさんあります。「パソコンの調子が悪いんですけどどうしたらいいですか？」という新入社員に「どうすればいいと思う？」と問いかけても仕方がありません。パソコンの不具合を解消したいのなら、パソコン業者や会社内の情報システム部の担当者に連絡したほうが早い、そういうことはたくさんあります。この場合なら「情報システム部の○○さんに連絡してみてください」と教えてあげれば済むことです。

その業務をちゃんとできるようになってほしい、ということに関してはしっかりとフィードフォワードをしてあげ、ほかの人がやっても構わないことならどんどんよい方法を教えて、解決してあげればいいのです。

ゴールを設定して少しずつ抽象度を上げる

ゴールを設定して、少しずつ抽象度を上げると、思い込みは溶けるように消えていきます。

脳内の神経ネットワークには、一定の電気信号の流れがあります。いつも同じ回路を使っていると、同じ部分が強化され、どんどん思い込みが強くなります。

思い込みはゴールを設定することで消えていきます。ゴールに合わせた新しい思考パターン、いわば新しい思い込みが必要になり、古いパターンは使われなくなります。

ゆとり世代の場合は、「承認されること」がゴールになっている人が多いようです。周囲に承認されたいが、自分では痛い思いはしたくない、出世もしたくない。これまで困らずにきたから、「このまま人生を過ごせたらいい」と考えているのかもしれません。

ゆとり世代全体にアプローチする場合には、「自分たちは承認を求めている」「褒められたいと感じている」「実はほかの世代の人たちはそうでもないんだ」ということを理解してもらう段階が必要です。

そのために、「当たり前」だと思っている現状を少し揺さぶることも必要になります。日本で豊かに暮らしていても、アフリカの飢餓の映像を見れば、「こんな世界が存在しているんだ」と気がつき、一瞬意識がそちらに向かいます。

褒められて当たり前の世界は当たり前ではなく、褒められるわけではない世界があることを理解してもらう必要があります。それは、本人がどんなに自分の頭で考えても想像できない世界です。

そして、相手が聞く準備ができてきた頃に、きちんと伝える必要があります。

「あなたはいつも褒められたいみたいだけど、そういうものではない」

「これは私の個人的な意見ではありません。世の中はそういうふうにできていない」

このように直球で言えば気づくでしょう。少なくとも気がつく1歩目になります。フィードフォワードによって未来に目を向けた状態であれば、直球のコミュニケーションも届きやすくなります。

6 頭のなかに描いたものが相手に投影される

フィードフォワードには抽象度の高さを感じられる場所がよい

私がクライアントとフィードフォワード・セッションを行うときは、遠くの景色がよく見えるところを選びます。たとえば、高層階のホテルのラウンジなどで、ガラス窓から外が見えるようなところです。2人で同じ方向が見えるように座り、遠くの景色を見つつ、「今日はいい天気ですね」などと言いながらセッションを始めます。

企業でのフィードフォワード・セッションでは、会議室で行うこともあります。そのときには、私は頭のなかで、遠くの景色を思い浮かべながらセッションを進めます。

なぜなら、私の頭のなかで浮かんでいるものが、相手の脳にも投影されるからです。これも認知科学の発見の1つです。自分が臨場感高く感じていることは、近くにいて場を共有している人には同じように感じられるようなのです。

たとえば、あなたが知り合いから「この間、相撲を見に行ったら結びの一番で横綱が負けちゃって、座布団が飛んで大変だった」と聞いたとします。するとあなたの頭のなかにも、座布団が飛んでいる情景が浮かびます。もちろん知人のイメージと正確に同じではありませんが、あなたの脳はこれまでの知識を使って、イメージをつくり上げます。まったく同じ映像ではないものの、話している人の頭に浮かんでいるものが、聞いている人の頭のなかにも投影されます。

ですから、たとえ会議室でセッションを行う場合でも、フォワーダーがイメージのなかで高いところから遠くを見ていれば、レシーバーも高いところから見ている雰囲気になり、高い抽象度で自分の未来に目を向けることができます。フォワーダーはリラックスして、抽象度の高い視点を維持しながら、レシーバーのことだけを考え、レシーバーが自分の未来に意識を向けるのを信じて待ちます。

前述しましたが、フィードフォワードが成功するために特に大事なのは、「待つ力」です。これが、フィードフォワードの大切な奥義です。レシーバーには自分で自分の未来に目を向ける力があることを信じて、レシーバーから自発的に、未来に関する発言が出てくるのを「待つ」のです。

この「待つ力」のフォワーダー自身の源泉は「自分を信じる力」です。「自分はレシーバーのことを信じて待つことができる」「自分はレシーバーの幸せに貢献できる存在だ」という確信が秘密のレシピなのです。

7 家庭の問題も抽象度を上げると解決する

家庭ではどちらかがフォワーダーに

これまではビジネスシーンでのフィードフォワードを見てきましたが、フィードフォワードはどんなシーンにでも活用できます。未来に目を向け、未来に働きかければいいだけだからです。やり方はこれまでお話ししてきた方法を、様々なシーンで使ってみるだけです。

家庭でのフィードフォワードを見ていきましょう。

ある夫は、仕事がハードで夜遅くまで家に帰って来ません。

妻は働きながら、2人の子どもの子育ても行っています。いわゆる「ワンオペ育児」になっており、妻は夫が働きすぎだと不満をもっています。夫には「ブラック企業だからこのままでいいか考えたほうがいい」と常にフィードバックし、友達には「夫は働きすぎ」と愚痴っています。

夫も妻の不満はわかっていますが、目の前のことで精いっぱいで、どうしていいかわかりません。

できれば、第三者にフォワーダーになってもらい、2人がレシーバーとしてフィードフォワードをしてもらうのが理想的です。「ワンオペ育児」「働きすぎ」などと感じるのは、抽象度が高くない状態なので、第三者の協力を得たほうが脱出は早くなります。

ですが、どちらかがフォワーダーになって、相手にフィードフォワードを行うことも可能です。

夫婦でフィードフォワードを行う場合には、お互いにバランスホイールを書いて共有するとスムーズです。バランスホイールというのは、「各方面に複数のゴールをもつことを意識するためにつくる円状の図のこと」です（189ページ参照）。お互いのゴールを見せ合って、「私たちはどうしたいんだっけ?」と2人の共通の未来について考えていきます。

このケースでは、2人でどうすれば幸せになれるかと話し合った結果、妻は会社を辞めてフリーランスで働くことにし、夫は現場に出なくてもいい部署に異動しました。いまでは妻は「夫は精いっぱい関わってくれている」と考えるようになりました。

妻のフィードバックに対し、夫がフィードバックで対抗していたら、夫婦関係は決裂してしまったかもしれません。2人が抽象度高く考えることができたので、新たな関係を構築することができたのです。

相手の抽象度を上げる

別の夫婦の話です。夫はIT関連企業に勤務し、妻は専業主婦。幼稚園に通う子どもがいます。妻は育児の疲労がたまってくるのか、1か月に1回程度、夫にイライラをぶつけます。

こういうときこそフィードフォワードが効果的です。まず、夫は妻の言葉をじっと受け止めます。夫は時々幼稚園の送り迎えをしたり、幼稚園のイベントの際には可能な限り仕事を休んで参加しているので、「自分だってこんなにやっているじゃないか」と言いたい気持ちはありますが、フィードバック合戦になると収拾がつかなくなるので、まずは黙って愚痴を聞きます。そのときの聞き方は「そうだね。大変だね。あなたはそう思うんだね」という姿勢です。ここで気をつけたいのは、自分のことではなく、「相手のこととして聞く」ことです。途中、必ず夫への不満も話に出ますが、ここで自分が非難されたと思わずに、「相手はそう思うんだ」と聞くことで冷静に受け止めやすくなります。

そして、聞きながら相手の抽象度のレベルを見ます。

ある日妻は、「息子が言うことを聞かなくて私はヘトヘトだ」と言いました。息子が寒いなか公園でずっと遊んでいて、それに付き合っていると風邪をひきそうだと言います。

夫は「寒いのにどうしてそこまで付き合うの?」と聞きます。

「子どもが遊びたがっている。今年になっていろいろな遊びができるようになって、無理やり連れて帰るのはかわいそうだから付き合っている」

この段階で妻の体調の話から、妻と息子の話になり、抽象度が1つ上がっています。

そこで、夫はもう1つ抽象度を上げました。

「家族としてはどういうふうにするんだっけ?」

２人には、「子どもを海外の学校に行かせる」「家族で海外に住む」という夢があります。

「そのためには何が必要なの？」

「私が英語の勉強をしなきゃ」

と切り替わりました。

ここでのポイントは抽象度を上げたことです。

フィードバックをし合うと同じ抽象度での話になります。

たとえば「寒いなか、子どもと公園で遊んで風邪をひきそう」と妻が言ったときに、「俺だって風邪をひいているけど頑張って仕事に行っている」と返すと解決しません。同じ抽象度のレベルで話しているから解決しないのです。

8 一対多で行うフィードフォワード・ミーティング

いつでもどこでもできる

フィードフォワードは場所を選びません。

日常会話のなかで行うこともできます。たとえば、あなたが4人の人にフィードフォワードを行おうとしているとします。フォワーダーであるあなたは、レシーバー1人1人の抽象度を把握し、メッセージを1人1人の心に響くように言い換えます。

フィードフォワードは、フォワーダーからの2つの投げかけで進んでいきます。

1つは「質問」、もう1つは回答に対する「次の言葉」です。

「次の言葉」は、相手の抽象度に合わせます。

これまで述べてきたように、相手のレベルを理解し、1段階だけ抽象度が上がるように促します。2、3段階上の話をされるとピンときません。

たとえば、上司から部下へのアドバイスも同じです。20代の新人に対し、部長が自分の経験からアドバイスをしているのに、新人はピンとこない、なんてこともあるでしょう。

ある20代の新人が、イベントでの集客の担当者となりました。日々、イベントへの申し込み人数をにらみながら、なかなか伸びないなあ、と頭を抱えていました。イベント当日が近づきますが、目標集客人数まではまだまだ遠く、困った新人担当者は、遅ればせながらそのイベントの準備会議で、上司や先輩に相談しました。

このときに上司が会議で発言したのは、「目先の数字（集客）だけに気を取られずに、イベント全体の成功、特に参加者の満足度を高めるように考えることが大事だ。集客の穴は魅力的な企画を追加して乗り切ろう」という言葉でした。これを聞いた新人担当者は、肩の荷が下りた気がしました。上司が、「集客はあきらめていい」と言ったと受け取ったのです。

そのままイベント当日を迎えて、集客は目標の50％以下、とっても寂しい1日になりました。赤字の企画となり、もちろん収益にも大打撃です。

上司が言いたかったのは、この2つの内容でした。

①集客をしっかりと行うのは当然の前提として、参加者の満足度が高まるようなイベントにする必要がある

②集客に貢献するような魅力的な企画をいまからでも考えて宣伝することで、集客の巻き返しを図ろう

これは明らかに上司の落ち度です。新人担当者には難しすぎました。

このように2段も3段も上の話をされたらわかるはずがありません。

この場合だったら、「今からでも参加者が喜びそうな魅力的な企画を追加して、しっかり宣伝して集客を巻き返そう」とでも言ってくれたら、この新人にだって何をすればいいのかわかります。この上司にはいい教訓になった出来事でした。

1対1のときには1人のレシーバーのレベルに合った話をすればよいのですが、レシーバーが2人以上になると、それぞれのレベルが異なる可能性があります。この上司は新人に向けて話すのではなく、同じレベルの責任者に向けて話をしてしまったために、失敗してしまったのです。

第 5 章

レシーバーのゴールを明確にする

1

ゴールは現状の外に設定する

「すごい」ゴールとは何か

フォワーダーは、レシーバーのゴール設定をサポートします。

未来に意識を向け、「本当は何をしたいのですか?」「一番やりたいことは何ですか?」と問いかけるだけで、レシーバーの未来を視る力は高まり、少しずつ自分のゴールが見えるようになっていきます。

ここで、どんなゴールを設定すればいいのか、確認しておきましょう。

私は自ら開発した「ゴールドビジョン®メソッド」という体系のなかで、望ましいゴールを「よいゴール」と呼んでいて、その「よいゴール」は、「すごい」「やりたい」「たくさん」という3つの要件を満たす必要があると説明しています。

「ゴールが現状の外にあるかどうか」（すごい）
「ゴールはレシーバーが心から望むことか」（やりたい）
「ゴールは1つではなくたくさんあるか」（たくさん）

1つ目は、「現状の外」にゴールを設定するということです。

現状の範囲内にゴールを設定すると、脳は現状を維持するための能力しか発揮しません。

人間にはそもそもホメオスタシス（恒常性維持機能）というものが備わっています。これは生体が心身の状態を一定の範囲内に維持しようとするために、生まれながらに備わっている機能です。たとえば、体温を一定に保とうと、暑いときには汗をかいて熱を発散させたり、反対に寒いときには体が震えて熱を起こしたりします。

同じように、脳も現状を維持しようとします。何もしないでいると、慣れ親しんだ現状から離れることはありません。

この慣れ親しんだ場所を「コンフォートゾーン」と呼んでいます。「コンフォートゾーン」には物理的な場所だけではなく、頭のなかで感じる情報的な空間も含まれます。そして、コンフォートゾーンと言っても、必ずしも快適な場だとは限りません。たとえば、思うように「稼げていない状態」であっても、その状態に慣れてしまうと、そこがコンフォートゾーンになってしまいます。

現状の外にゴールを設定することは、脳の力を発揮するために、特に重要なことです。「現状の外」とは具体的にはどんなものでしょうか。

世界トップクラスのブランド価値を維持するグーグル社のビジョンは、「ワンクリックで世界中の情報へのアクセスを可能にする世界」です。いまとなれば当たり前に聞こえるビジョンですが、グーグル以前にそうした世界が見えていた人が、いったいどれだけいたでしょう。この大きなゴール設定によって、創業者やメンバーの脳がフル稼働し、現在ではかなりの程度実現しています。

ソフトバンクの孫正義社長は、会社を立ち上げた頃、みかん箱の上に立って、「今後数十年間で事業規模1兆円の会社をつくる」と宣言しました。

当時はまだ小さな会社で、大言壮語とも言えるビジョンを聞かされたアルバイトや社員たちは皆、あきれて辞めてしまったと言います。ところがその後、ソフトバンクが孫氏の宣言通りに発展したことはご存じの通りです。

近い目標はかえって難しい

フィードフォワードでのフォワーダーの役割の1つに、レシーバーの**「ゴールを大きくすること」**があります。レシーバーがゴールについて話をしたら、

「もっと大きくしてみませんか？」

と問いかけます。

昔からの習慣のせいだと思いますが、普通に目標設定をすると、現状プラスαのものになりがちです。たとえば「前年比5％増」などです。このような、現状を少し超えた程度のゴールは、脳にとっては現状の一部にしか感じられないため、脳のパフォーマンスが上がりません。脳的には「5％増」というのは、「ほとんど何もしないのと同じこと」です。

この程度のゴールなら、「いままでのままでいいんだ」と脳が判断し、安定した状態を変えるために必要なエネルギーが生まれず、ゴール実現のための活動も行われないので、結果、「ゴールが実現しない」ということになりがちです。

少し極端かもしれませんが、「現在500メートル走れる」という人が、「3か月後に525メートル走れるようになる」という目標を立てたら、間違いなく特別なことは何もしないでしょう。

ですが「3か月後にフルマラソンを完走する」という目標を立てたらどうでしょう。練習しなければ絶対に達成できませんから、自然と練習するようになります。

同じように年収500万円の人が「年収800万円」を目指したり、TOEIC400点の人が「TOEIC600点」を目指したりする場合も、脳にとっては現状の延長線上の目標なので、追加のエネルギーが生み出されません。

脳に追加のエネルギーを出してもらうためには、ゴールを高く設定することが必要です。

たとえば、年収500万円の人が「年収5000万円」、TOEIC400点の人が「TOEIC950点」といった、現時点では一見するとありえないようなゴールを設定すると、脳が現状の外で考え始めるようになり、発想に大きな飛躍が生まれます。それによって現状とは次元の違う発想、そして成果を生むことが可能になるのです。

また、ここで、認知のメカニズムに注目すると、現状の外にゴールを設定することで、重要度に応じて選択的に情報を意識に上げてくれるＲＡＳが、ゴールの世界に対して働くようになり、ゴール実現のために必要な情報のみが意識に上がるようになります。ゴールに関係がない情報はスコトーマ（盲点）に隠れて意識に上がらなくなり、私たちは集中力をもって、効率よくゴールの実現に向けて邁進《まいしん》することができるようになります。

高いゴールによって大きなエネルギーが生まれるのは、精神論ではなく、脳と認知のメカニズムからの必然として起きていることだということを、改めてお伝えしたいと思います。

では、「すごいゴール」をつくるためのフィードフォワードには、どのようなものがあるのでしょうか？　たとえば、

「もっと増やせませんか？」

これは一番シンプルな方法で、数を増やすための問いかけです。目指す収入や資産の金額を１桁、あるいは２桁大きくします。友人の数を増やすというのも「数」を大きくする例です。

ほかには、

「もっと長くできませんか？」

これは、寿命、現役で働く期間などを、飛躍的に伸ばすための問いかけです。

あるいは、

「そのゴールの実現方法はわかりますか？」

という問いかけもあります。実現方法がわかってしまうのであれば、そのゴールは現状のなかにあるとわかります。実現方法がわからないぐらいのゴールであれば、現状の外にある可能性が高いのです。

ゴールの抽象度を高める

第4章でお話しした「抽象度」を高めることで「すごい」ゴールにすることができます。

たとえば、「いま勤めている会社の社長になる」は、実は現状の延長線上にあるゴールです。

社長になること自体は大変なことですが、いま、すでに社員である以上、社長になれるかどうかは確率の問題で、無意識的には現状の延長線上にあると考えられます。そこで、「社長になりたい」というゴールの抽象度をぐっと高めて「業界を変えるような仕事をする」に変えると、すごいゴールにすることができます。

ゴールの抽象度が高まると、おのずと影響を与えている人の数が増えます。最初のゴールが「資格を取得して、仕事のレベルを上げたい」であれば、たとえば「その道を究めて自ら資格をつくりたい」とすると、影響を与えている人の数が増えます。

フォワーダーは、基本的にレシーバーの話を聞きながら、「こうなったらいいいんじゃないかな」と勝手に話をふくらませます。レシーバーの立場になりきって、未来のストーリーを自由にフィードフォワードしてふくらませていくのです。

こうすることで、レシーバーの抽象度が上がり、ゴールは大きく、すごいものになり、新しい世界を見ることができたレシーバーからも感謝されます。

2

ゴールはやりたいことかどうか

やりたいことがパワーを生む

ゴールを大きくしていっても、それがレシーバーが本当にやりたいことかどうかは、大事なところです。

大きくすることに主眼を置きすぎて、掲げてみたゴールがそこまでやりたいことではなかった、ということが起きるからです。

心からやりたいことであれば自然にパワーが湧いてきます。前にお話ししましたが、これこそが「よいゴール」の2番目の要件、"want to"です。自分が好きなこと、夢中になれることに取り組んでいるときには、食事をしなくても寝なくても平気だったという経験をしたことがありませんか？"want to"のゴールを設定できると、そういう状態になります。

"want to"について、もう少し理解するためにこんなケースを考えてみましょう。

「社長になる」というゴール。このゴールはあまり抽象度が高くない、という話をしましたが、抽象度の観点だけではなく、「やりたい」という視点でも、あまりパワフルではありません。

「社長になってどういうことがやりたいのか」、これがないと脳は働かないのです。

さらに言うと、その「やりたい」が「心からやりたいこと」でないと、やはり脳は働きません。かっこいいことを言っても本気じゃないとダメなんです。脳は建前は見抜くからです。

ところで、レシーバーのゴールを聞いて「あれ？　それは本当ですか？」と思うこともあります。

レシーバーがちょっと意外なゴールを話してくれた場合、

「そうなんですね。それはあなたのやりたいことなんですね？」

と確認してみてもいいと思います。すごいゴールを設定しようとして、

「火星旅行に行きたいです」

ゴールがあって認識が生まれる
〜認知科学によるゴール実現のメカニズム〜

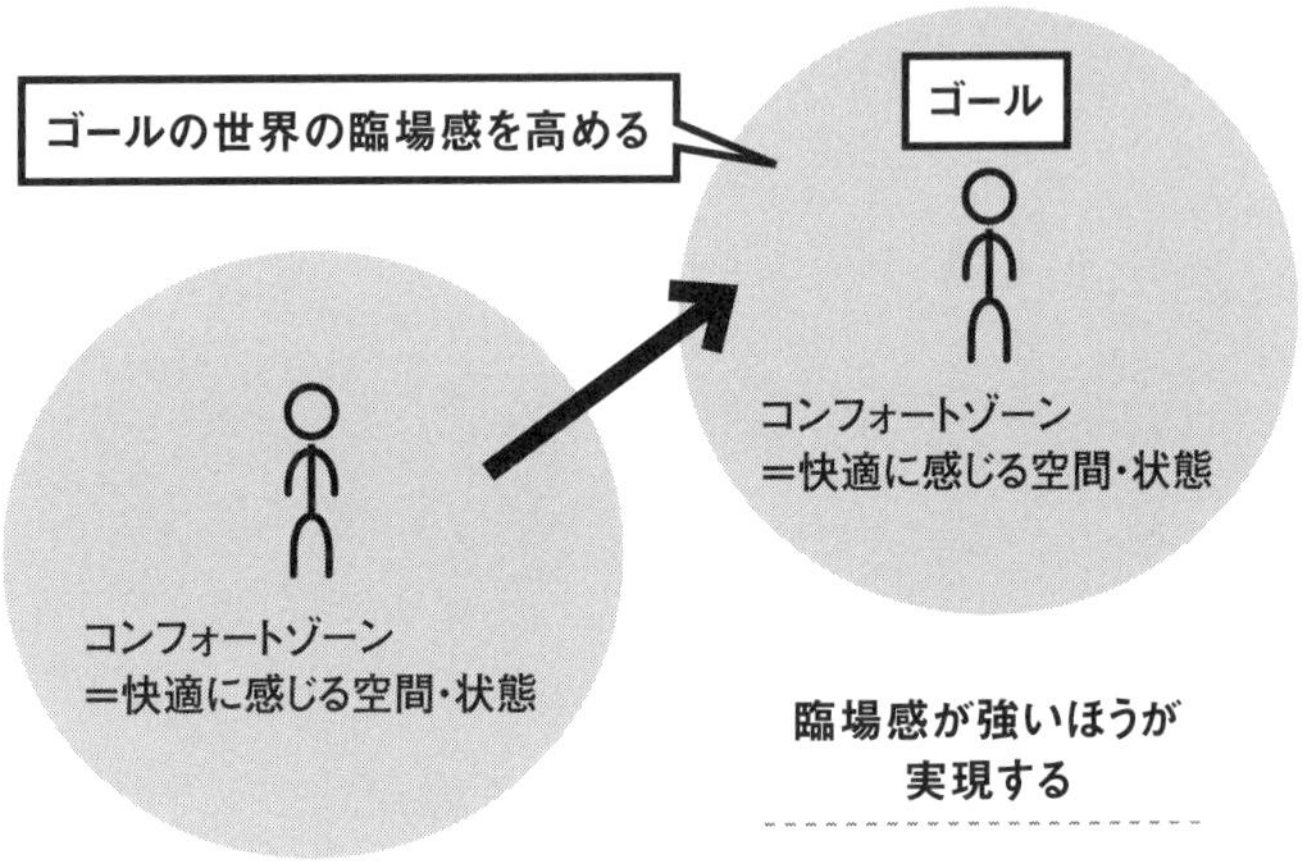

と言ったレシーバーに、

「本当に行きたいですか？」

と聞くと、

「うーん、まあ、よく考えるとそれほどでもないですかね」

となることもあります。「ゴールを大きく」と言われるままに設定してみたけれど、そこまで「やりたいことではなかった」ということです。

「業界1位になりたい」と言っていた人が、よく考えたら「別にそうでもなかった」と言ったり、「プライベートジェットがほしい」と言っていた人が、「いろいろ考えたのですが必要ありません」などと言うこともあります。

そうした気づきの修正は、すべてレシーバーに任せます。

フィードフォワード・セッションでは、「おや？」と思うことがあっても、「そうなんですね」と受け止め、そのゴールが実現した感覚の臨場感を高めていきます。臨場感が高まり、ゴールが実現したときのことを想像してみたものの、たいして嬉しくなければ、ゴールは別のものに変わっていきます。

3 ゴールはたくさんあるか

たくさんのゴールの相乗効果

皆、幸福になりたいと思います。

幸福には様々な要素があります。

ビジネスパーソンにとっては、仕事が占める割合が時間的には大きいかもしれませんが、誰しも仕事以外の部分、仕事以外の顔をもっています。会社では「課長」、家に帰れば「父親／母親」、あるいは「夫／妻」、親から見たら「息子／娘」、スクールに通っていたら「生徒」、近所の人から見れば「ご近所さん」などです。

1つのことに打ち込み、道を究めるという生き方もすばらしいと思いますが、人生は仕事や家族、友人、趣味、社会貢献など、様々な要素で成り立っており、そのなかの1つだけを実現しても、ほかがまったくダメだったら幸せな人生とは言えないでしょう。

早朝から遅くまで働いていたビジネスパーソンが、定年退職後に目標を見失ってしまいぼんやりとしてしまうことは多いようです。ひどい場合には長年ほったらかしにしてきた家族との関係が壊れて、孤独な老後を過ごすこともあります。

より幸福になるためには、ゴールは多方面にわたって、しかもできるだけ多く設定する必要があります。最低でも人生にとって重要な項目を8個くらい書き出し、それぞれに対してゴールを設定してみてください。

バランスホイールを使ってゴールを設定

その際、「バランスホイール」と呼ばれる図を用いると整理しやすいでしょう。項目の候補には以下のようなものがあります。

「職業」に関するゴール
「家族」に関するゴール

「趣味」に関するゴール
「友人」に関するゴール
「健康」に関するゴール
「ファイナンス（お金）」に関するゴール
「老後」に関するゴール
「社会貢献」に関するゴール

などのカテゴリーを考えることができます。

「バランスホイール」という名称には、ゴールは複数設定し、それらがバランスよく達成されてこそ幸福であるという思いが込められています。

どれか1つが達成されたとしても、ほかのゴールがまったく達成されていない場合は、幸福とは感じにくいでしょう。

たとえば、

・社会貢献しているけれど、毎日が食うや食わず
・年収1億円を達成したけれど、家族関係はボロボロ

という状態などです。

とりわけ日本では、仕事とファイナンスに重きが置かれがちです。結果的にそのほかのゴールの達成が阻害されます。仕事に没頭した結果、家庭をかえりみないというのはよく聞く話です。こういった場合に意識してほしいのは、個々のゴールの1つ上の抽象度です。

つまり、個々のゴールはあくまでも「幸福になる」ために存在しているという視点を思い出してほしいのです。それは、個々のゴールはどれも等しく重要であり、どれ1つ欠けたとしても幸福度は下がってしまうということでもあります。

バランスホイール

誰もが複数のゴールをもつのが望ましい。
それぞれについて高いゴールを設定する

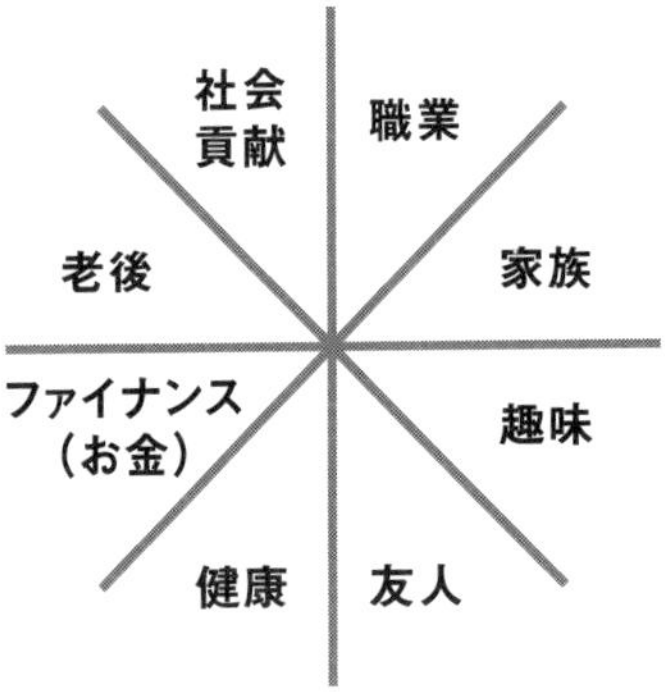

【職業】

・顧客から常に求められるような製品（サービス）を開発し続けている
・圧倒的に安定した仕事ぶりで周囲の信頼を得ている
・周囲のメンバーの取りまとめ役として上司のサポートをしている
・自身の専門領域を掘り下げ、その分野で唯一の存在になっている
・自分にとって心から取り組みたいと思う職業を見つけ、日々、楽しく働いている

【家族】

・子どもたちは自分らしく伸び伸びと安心して育っている
・妻（夫）はいつも健康で、幸せに暮らしている
・両親は安心して楽しく老後を過ごしている
・常に笑顔が絶えない家庭である

【趣味】

・サイクリング：毎年2回、春と秋に自転車旅行に出かけている
・ゴルフ：毎月2回程度コースでプレーをし、日々スコアも向上し、楽しんでいる
・お寺巡り：出かけるたびにその町のお寺を訪れ、お寺ごとの違いを味わい、楽しんでいる
・旅行：毎年数回、そのときに行きたいと思っている土地に、時間の制約なく訪れている
・料理：自分が得意とする料理を楽しんでつくり、大好きな人たちと一緒においしく食べている
・ファッション：お気に入りのコーディネートで毎日を楽しんでいる

【友人】

・国内外の幅広い年齢層の友人たちと楽しい時間を過ごしている
・友人とともに楽しいイベントを企画し、そこにさらに新しい人を招き、一段と友人の和を広げている
・学生時代の友人と年に1回は集まり、友情を深めている
・地元のお祭りの際にはお神輿をかつぐなどして地域の友人を増やしている

【健康】

・毎日、体によい食事を摂っている
・日々、活力をもって過ごすために必要な睡眠を取っている
・リラックスする時間を確保して、自分の心と向き合うように心がけている

【ファイナンス（お金）】

・自分が心から楽しめる仕事で、年収○○○○円を得ている
・計画的に資産形成をし、将来のある時点で○○○○円の資産をつくり上げている

【老後】

・健康、家族、友人、お金などと上手に付き合い、幸せな老後を過ごしている

【社会貢献】

・毎月○○○円の寄付を×××にしている
・自ら体を動かして行う社会奉仕活動に定期的に従事している

セッションの前にバランスホイールを書いてもらう

理想的には、バランスホイールを書いてもらったうえで、フィードフォワード・セッションを行うと話が進みやすくなります。仕事のゴールについてしか話をしなかった人が、バランスホイールによって、ほかの分野でのゴールについて語り始めます。

職場でのフィードフォワード面談でバランスホイールを使うと、部下と仕事以外の話ができるようになるというメリットもあります（もちろん、ゴールを見せたくない人もいますので開示は強制しません）。

たとえば、上司と部下がフィードフォワード面談を行う際に、バランスホイールによって、部下が家庭や友人関係でトラブルを抱えていることがわかったとします。その際に上司は、

「その部分は私は力になれないかもしれませんが、仕事が順調だと気が楽になりますよね」

と語りかけ、

「そうですね」

「では、今日は仕事のことを、しっかり話し合っていきましょう」

などと話を進めていくこともできるようになります。

仕事と趣味の話を一緒にしてよいのかと疑問に思う人がいるかもしれません。実は趣味と仕事はやり方がかなり似ています。目標があって、計画を立てて、実行していきます。

違うのは、「誰を喜ばせるためにやるのか」というところです。趣味は自分だけを喜ばせます。一方、仕事はお客様など自分以外の誰かを喜ばせるために行います。そのほかの構造はすべて同じなので、意外なことに、趣味を一生懸命やっていると、仕事もできるようになっていきます。

バランスホイールを書くときにはいくつかコツがあって、一度書かれたゴールを書き直すことで、よりパワフルなものにすることができます。

たとえば、語尾はすでに実現しているような表記にします。

「家族がやりたいことをできる経済力がほしい」⬇「家族がやりたいことを全部でき

るような経済力をもっている」
「夫と仲よくしたい」⬇「夫ととても仲よくしている」
「素敵な人と出逢いたい」⬇「素敵な人に出逢って幸せだ」
「友人たちがそれぞれ活躍する」⬇「友人たちがそれぞれの場所で思いっきり活躍している」

というようにゴールが達成され、さらに継続しているような表現にします。
これはなぜかというと、脳は実際に起きたことと、そうでないことを区別することができないためです。「ゴール」をすでに起きたことのように表現することによって、脳にとってはそのゴールがすでに実現したこととして認識され、一方で脳自身がそうなっていない現状に違和感を覚え、実際に実現するようにエネルギーを出して、私たちをゴール実現に向けて突き動かしてくれるのです。

相手のゴールは異なることを理解する

あるテレビ局のディレクターの話です。

彼女は社長から、「いまのテレビ業界は」という話を聞かされます。社長は抽象度を上げて、自社だけではなく、業界全体にとってよいことを考えてくれたらいいと思っています。しかし、彼女はよいコンテンツを届けることができれば、媒体は何でもいいと考えています。業界の今後についての思いはそれほど強くないのです。

これは社長とディレクターのゴールが異なるためのすれ違いです。社長がディレクターのゴールを理解したうえで、共通の未来を模索できればいいのですが、ディレクターが自分と同じゴールをもっていると思ってしまうと、うまくかみ合わないことになります。

本来このディレクターが優良コンテンツをつくっていくことは、テレビ業界のプラスになることなので何の問題もないはずです。ですが、社長がことさら業界全体の抽象度で考えることを求めると、ディレクターも「そこまで背負うつもりはない」「重荷だ」と思ってしまいます。意外とこうしたすれ違いが、離職の一因になることもあるものです。

このような場合、それぞれのゴールがあることを理解したうえで、お互いにフィードフォワードを行うと、新しい協力関係にまで高めることができます。

4 レシーバーのゴールは必ず肯定する

ゴールを達成したときのことを想像する

ゴールを達成したときのことを具体的に想像するのも効果的です。

たとえば、「結婚し、仕事も続け、海外で暮らしている」というゴールを設定した人に対して、こんなことを聞いてみます。

「1年後の今日、朝起きると願いがすべてかなっています。そのとき、あなたはどんな顔をしていると思いますか。朝起きて、鏡にあなたの顔が映ります。どんな顔でしょうか」

「晴れやかな笑顔だと思います」

「その後はどんなことをしますか」

「仕事に行って、皆に笑顔で『おはよう』と言います」

自分の願いなど絶対にかなわないと思っている人がいるとしても、フィードフォワードによって、願いがかなう可能性は劇的に高まります。

フォワーダーにとって重要なのは、レシーバーのゴールを肯定することです。

世の中は厳しく、よいゴールを設定できたとしても、周りの人から「そんなの無理だ」と否定されたり、「いつまでそんなことを言っているの」と馬鹿にされたりすることがあります。そうすると心はしぼんでいきます。

親の影響も大きいでしょう。

親が子どもの願いをしっかりとらえて、「実現できるといいね」と言ってくれると、自分の願いを肯定できるように育ちます。でも親は子どもの願いに対し、「そんなこと考えないで目の前のことをやりなさい」と言ってしまうことがあります。

たとえば、「アイドルになりたい」と願う子に対し、

「あれは特別な人がなるもの。そんなこと言ってないでテストを頑張りなさい」

などと言われ続けると、だんだん願いを肯定できなくなります。

フォワーダーは何があってもドリームキラーにはなりません。

フォワーダーは、レシーバーのゴールはすべて尊重します。ゴール自体の良し悪しには関与しませんし、特に問題にもしません。その人がやりたいことであればすべて応援します。

ただし、事前に「このような人はサポートしない」と決めることはできます。

たとえば、私は平和を乱すような活動をしようとしている人は、サポートしないと決めています。テロリストにフィードフォワードをしたら、最強のテロリストになってしまうからです。

ターゲットを明確にするフィードフォワード

フォワーダーは、レシーバーのゴールやターゲット（短期的な目標）を明確にする手伝いもできます。

たとえば、社内で揉《も》めごとが多いことに頭を悩ませている総務部長がいました。その人は「1年後には、部門ごとの人間関係がよくなっていること」を目指しているので、そのターゲットが達成されたときの臨場感を高めます。

「どうなったら嬉しいですか？」

「社内の揉めごとがなくなっているといいですね」

「そうなるとどうなりますか？」

「全員集まっての忘年会でもできているといいですね」

「いまは全員集まらないんですか？」

「そうなんです。企画しても半分も参加してくれません」

「それは残念ですね。忘年会はどこでやれたら最高ですか？」

「居酒屋とか？」

「居酒屋ですね？」

「そうだなあ……。できればいま全社で取り組んでいるプロジェクトが成功して、思い切って高級ホテルのラウンジでも借り切ってやれるといいですね」

「目の前にはどんなお料理が並んでいますか」

「イタリアンですかね」

「宴会には、どういう人が参加していますか」

「全社員が参加しています」

「皆さんの様子はどうですか」

「楽しそうです。ワイングラスを傾けています」

「あなたはどんな服を着ていますか」

「いまよりぱりっとしたスーツを着ています」

「色は？」

「濃紺です」

「そのとき、あなたはどんな気持ちですか？」

「プロジェクトを社員全員でやりとげて、充実した気持ちや、ほっとした気持ちを味わっています」

「部下の方とは何か話していますか？」

「話しています」

「どんなことを？」

「1年前に私が長になったばかりの頃は、うまくコミュニケーションがとれなくて悪かった、と」

「でも、そのときはどうなんですか？」

「そういうことも笑って話せるような関係になっています」

これがビジュアライズされた未来の姿です。「自分がこうなりたい。こういう状態でいたい」という未来像を、具体的にイメージのなかで体験します。その瞬間に脳のなかではゴールもターゲットも達成されています。

このとき、そのゴールやターゲットの実現に向けて脳が強いエネルギーを生み出してくれているのです。

5 ゴールを設定するとコンフォートゾーンが移行する

コンフォートゾーンが2つになる

現状を超えた大きなゴールを設定し、そのゴールの世界の臨場感が十分に上がると、コンフォートゾーンが2つあるようになります。それは、

①いま、慣れ親しんでいる「現状のコンフォートゾーン」
②ゴールを設定してそちらに移行したいと思っている「ゴールの世界のコンフォートゾーン」

です。

しかし、これはあくまでも仮の話で、実際には、コンフォートゾーンを同時に2つもつことはできません。

人間の脳は、コンフォートゾーンを同時に1つだけしか維持できないからです。

フィードフォワードによってゴールの世界のコンフォートゾーンにある程度臨場感を感じても、それだけだと、より臨場感を感じている現状のコンフォートゾーンに引き戻されます。

これが資格取得や語学の学習、ダイエット、ジョギングなど、「いいと思って始めたこと」が長続きしない理由です。「ダイエットして痩《や》せている」というコンフォートゾーンに臨場感を感じたものの、少しやってみると「こんなに辛いならぽっちゃりのままでもいいじゃないか」「おいしいものをたくさん食べたほうが幸せ」と無意識が考えて、現状のコンフォートゾーンに留まってしまうのです。

想像上のコンフォートゾーンをリアルに感じる

そこで、フィードフォワードでゴールのイメージを問いかけます。

たとえば将来は社長になりたい、という新人がいたら、

「どんな社長になりたいですか？」

「社長としてどういう仕事をやっているのですか？」

「社長になって何を変えたいですか？」

などと問いかけます（もちろん先述した通り、「社長になる」ことを目指すのはあまりよいゴールではないのですが、レシーバーの思いを尊重して、まずはその線でフィードフォワードを進めます）。

すると、レシーバーのゴールの世界に対する臨場感が高まっていきます。十分に臨場感が高まると、

「おかしいな。なぜいま、自分は社長じゃないんだろうか？」

と無意識が感じ始め、描いた未来に向かって、猛烈に仕事をするようになります。目指す場所といまいる場所のギャップを埋めようと、脳が活性化するのです。

とはいえ、新人が突然社長になることはありません。

社長になって仕事をやっているという「目指す場所」に向かって、新人という「現状」から動き始めた、ということです。そうすることで、同期より早く課長になり、部長になり、1歩ずつ階段を駆け上がっていくことになります。

また、その過程で、「社長になる」よりもずっといいゴールが見つかるものです。

コンフォートゾーンを揺さぶる

レシーバーがコンフォートゾーンを移行させやすいように、「コンフォートゾーンの外」を体験してもらうのもいい方法です。コンフォートゾーンの外を体験すると「なるほど、こういうことか」と実感できます。

日常生活を送っていると、自分が普段「コンフォートゾーンのなか」に安住していることに気がつきません。そこで、現状の自分から考えると「背伸び」と思えることや、普段なら絶対にしないようなことを、あえてやってみます。

高級ホテルでディナーを食べる、高額なセミナーを受講して参加者と話をする、海外へ1人旅に出かける、自転車で遠乗りをする、フルマラソンにエントリーするなど、「背伸び」の仕方は人それぞれですが、自分がやってみたいと思うことを選ぶようにしましょう。

毎日同じような生活をしていると脳の使い方も固定的になります。ですが、「背伸び」をしてみることで、普段使わない回路が動き出すものです。

ある女性が英語を習い始めたきっかけは、スイスに行ったことでした。

フランス出張のついでに、ジュネーブの知り合いに会いにいきました。出張中は通訳が同行し、ほかにも同行者が大勢いたので、英語、フランス語が話せなくても、不自由なく過ごしていましたが、ジュネーブでは1人になり、英語をスムーズに話せたらもっと楽しいのに、と強く感じました。

もともと語学を学びたいという気持ちはありましたが、ジュネーブで「コンフォートゾーンの外」を体験したことで、完全にコンフォートゾーンが移行してしまいました。そして、「目指したい方向」（外国人と自然に英語でコミュニケーションを取っている自分）と「現状」（思う通りのコミュニケーションができない自分）のギャップを埋めるために、ごく自然に英語を習い始めました。

人に会うという方法もあります。

ある男子中学生は、学校を休みがちでした。勉強が面白くない、友達と話すのも嫌だと、引きこもりがちでした。あるとき、テレビで小さなロボットが自転車に乗ったり、綱渡りをしている姿を見ました。少年が、

「こういうのをつくってみたい」

と言うので父親は、

「よし、つくった人に会いにいこう。どうやってつくったのか聞いてみよう」と言いました。少年は驚いていましたが、静かにうなずきました。

父親は、このロボットをつくったクリエイターについて調べ、少年と一緒に講演会に行きました。講演後、少年はロボットクリエイターにいろいろなことを質問していました。少年はロボットをつくることに興味をもち、学校で勉強するようになりました。

目指す方向が決まったら、現状に変化を起こしてコンフォートゾーンが移行するきっかけをつくります。それが「コンフォートゾーンを揺さぶる」ということです。

この活動は、レシーバーが自主的に行うものです。フォワーダーはレシーバーに「やりたいと思ったけれどやっていないことがあったら、この機会にやってみてはどうですか」とアドバイスします。

自分自身がドリームキラーになる

ゴール設定をしたのに実現できない原因の1つはドリームキラーです。ドリームキラーはゴールの実現を阻もうとする存在です。最大のドリームキラーは自分自身ですが、その次に家族など、身近な存在がドリームキラーになりやすいものです。

「英語を駆使して海外でビジネスをしている」というあなたのゴールを、あなたの周りにいる人がこんなふうに潰します。

「英語が得意じゃないのにできるの？」

「海外は治安が悪くて心配だよね」

個人でも、集団でも、コンフォートゾーンがあります。現状を維持したいという力が働きます。あなた1人が現状の外に出ていこうとすると、「皆で一緒に維持しているコンフォートゾーンが崩れてしまう」と周囲の人たちの無意識が判断し、ドリームキラーとなって抵抗します。コンフォートゾーンは個人だけでなく集団でもつくられるため、このようなことが起こります。

ドリームキラーのなかには「そもそも論」を言う人もいます。「そもそも海外でビジネスなんてやる意味があるの？」といった類《たぐい》のことです。このような「そもそも論」を出されると気持ちが萎《な》えてしまいます。「本当にゴールを達成しなくちゃいけないの？」ということまで言う人も出てきます。

唯一の対策は、こういうことを言われるものだと思って、流すことです。

また、ドリームキラーに何かを言われて勇気を失うことがないように、ゴールは内緒にするという方法もあります。

多くの人にとって最大のドリームキラーは自分のなかにいます。

「英語を勉強する時間があるなら、仕事をしたほうがいい」

「海外で競争するより、日本で頑張ったほうがいい」

これらはコンフォートゾーンに留まるための言い訳です。

自分を信じる気持ちが揺れたら、ドリームキラーの存在に気づいてください。

6 フィードフォワードは進むと再び揉める

やはり変わらないほうがいいのではないか

「フィードフォワード」→「アクション」（ＦＦＡ）プロセスがうまく回って、人生が好転し始めた頃、停滞することがあります。

それはコンフォートゾーンを維持したい、という無意識の力です。変わることに対する抵抗です。

これは自分に対しても、他人に対しても起こります。

「やはり変わらないほうがいいのではないか」という力が働き、思い描いたゴールに対するネガティブな情報、そして現状を維持することに対するポジティブな情報を、集めるようになります。

Cさんは会社を辞めて独立し、マーケティング関係のコンサルタントをしていました。会社勤めをしているときはマーケティングや広報の仕事をしていました。夫は弁護士で生活は豊かです。しかし、自分の事業はうまくいっていませんでした。

最初に会ったときは元気がなく、フィードフォワードを行ううちに少しずつ前向きになっていきましたが、ある日こんな連絡がありました。

「明後日のセッションを延期していただけませんか」

「わかりました、〇日に延期しましょう」

しかし、その日が近づいてくると「申し訳ありませんが、また延期していただけませんか」という連絡がありました。体調が悪いというのです。私は、「そろそろ始まったな」と思いました。

手足がしびれる、ということで3回目のスケジュール変更の連絡をもらったので、「体調が悪くても大丈夫ですので、何とかセッションに来てください」と言いました。会ってみると体調が悪いという感じではありません。

これは「コンフォートゾーン酔い」という現象です。

自分が変わってしまうことを脳が恐れ、様々な活動を妨げるタイミングがあります。私と会うと先に進んでしまうから、会わないように体調が悪くなったり、手足がしびれたりしていたのです。すべて無意識のしわざです。

対策としては、そういった状態が起きたら、これは「コンフォートゾーン酔い」なのだと自覚することです。この殻を打ち破ると本格的に未来が変わり始めます。

いままでは、Cさんは自分で自分の未来をつくれるようになりました。大きな会社の仕事も依頼されるようになり、法人をもう１つ設立して、自分にしかできない事業を並行して開始しました。

ゴールは永遠に達成しない

さて、ゴールについてお話ししてきました。私はフィードフォワードをしていて、レシーバーの方から「高い目標を設定すれば必ず達成できるのですか」と聞かれることがあります。

残念ながら、必ずしも達成されるとは限りません。

しかし、ゴールを高く設定することで、ゴールの方向へと、力強く進んでいくことができるのは、まぎれもない事実です。

さらに言えば、ゴールは進化し続けます。達成しそうになると、ゴールを更新するからです。更新し続けるからゴールは永遠に達成しない、という言い方もできます。途中の第1ゴール地点を通過するかもしれませんが、最終ゴールには到達しません。ゴールを更新し続けることが、前に進み続けるための原動力なのです。

もちろん、当初のゴールだった地点を通過したときに、打ち上げなど、お祝いをするのは構いません。ですが、自分の頭のなかでは「まだまだこれから」と思っている、そういう状態が望ましいのです。そして、理想としてはその打ち上げが、過去の達成のお祝いであるよりも、未来の達成のお祝いである「予祝《よしゅく》」（あらかじめ祝うこと）になっているとなおよいでしょう。

第 6 章

レシーバーのエフィカシーを高める

1 「自分ならできる」と心から確信する

なぜできると思うのか

未来に向かって進むときに「自分ならできる」と信じることはとても大事なことです。

できないと言った瞬間に、能力、やる気が打ち消されてしまいます。結局、「できる」「できない」というのは、本人の主観的判断です。

「できる」と思えばできてしまうし、「できない」と思えばできないでしょう。そのときに過去は役に立たないのです。過去の実績が役に立つと思いがちですが、実際に役に立つのは、過去の実績を可能にした能力です。それがいまも備わっていることが大事です。たとえば、ある男性が高校生の頃に100メートルを11秒台で走れていたとしたら、それはかなり速いほうでしょうが、いまは走れないのであれば、「昔、速かった」という以上の意味はありません。また、誰でもはじめてやることは、実績ゼロからスタートするのですし、実績があろうがなかろうが、「できる」と思うからこそエネルギーが生み出されるのです。

ですから、フィードフォワードを行うときには、マイナスの出来事を呼び出さないことです。未来を視て、「成し遂げたいことはできる」、もっと言えば「できた」というコミュニケーションをしていきます。

現在、メジャーリーグで日本人選手が活躍するのは当たり前のことになりました。「活躍できる」と思っているからです。ですが、いまから20数年前までは誰も「できる」とは思っていませんでした。

それを変えたのは野茂英雄《のもひでお》投手です。1995年、それまで近鉄バッファローズ（当時）に所属していた野茂投手がメジャーリーグに挑戦しました。野茂投手は日本でプレーした5年間で78勝を上げ、1億4000万円という年俸を得ながらも、メジャーを志してアメリカに渡りました。当初、日本球界全体が、「ルールがない」「前例がない」と反対しましたが、野茂投手はあきらめず、日本のプロ野球から任意引退し、退路を絶ってメジャーリーグを目指しました。初年度の年俸は980万円だったと言われています。

1995年の開幕から、野茂投手はローテーションピッチャーとして投げ、その年、13勝、236奪三振の成績で新人王、奪三振王のタイトルを獲得し、日本人メジャーリーガーのパイオニアとしての地位を掴み取りました。その後、メジャーリーグに在籍した14年間で123勝を挙げています。

野茂投手の活躍によって、多くの日本人選手のマインドが「できない」から「できる」に変わったことでしょう。それが現在の日本人メジャーリーガーの活躍につながっているのです。

サッカー選手のパイオニアは中田英寿《なかたひでとし》選手でしょう。奥寺康彦《おくでらやすひこ》選手という偉大な先人はいましたが、現在の選手たちへの影響力という点では、中田選手のほうが大きいでしょう。中田選手の場合、1998年のワールドカップフランス大会後、イタリア、セリエAのペルージャに移籍しました。それまで所属していたベルマーレ平塚（当時）との契約を解消して海外リーグに行ったので、よい成績を収められず解雇されたとしても、日本のチームに帰ってこられるわけではなく、背水の陣でした。そしてペルージャ、ASローマ、パルマ、フィオレンティーナなどで活躍します。中田選手の活躍は、その後の小野伸二《おのしんじ》選手、中村俊輔《なかむらしゅんすけ》選手、本田圭佑《ほんだけいすけ》選手、香川真司《かがわしんじ》選手たちにつながっていきます。

陸上の100メートル走では、これまで10秒の壁を突破する日本人選手はいませんでした。しかし、2017年、桐生祥秀《きりゅうよしひで》選手が史上初の9秒台となる、9秒98を記録しました。おそらく今後は続々と9秒台の記録が出るでしょう。これは「日本人選手には10秒の壁は突破できない」という思い込みを、桐生選手が打ち壊したからです。

誰かがやったという事実は、私たちの意識、無意識に働きかけ、「自分にもできる」という信念につながっていきます。

エフィカシーは「自分ならできる」と思う度合い

「エフィカシー」は、「自分のゴールの達成能力の自己評価」と定義されています。言い換えると、「自分ならできる」と思える度合いのことです。私はこの「エフィカシー」を「自分を信じる力」とも呼んでいます。

混同しやすい概念に「セルフ・エスティーム」があります。こちらは自分の価値の自己評価です。現在のポジションに対する自己評価など、過去の成果によって確立された自己評価です。

セルフ・エスティームは「過去の結果」、エフィカシーは「未来を信じる力」と言えるでしょう。

エフィカシーが高いと、ゴールに向かって行動できます。

仕事、家庭、勉強など、日常生活の様々な場面でエフィカシーは大切な働きをしています。

「自分にはできない」「どうせ自分なんてダメだ」と評価すると、自分に限界をつくってしまい、結果が出せません。反対に「自分はもっとできる」「十分な能力がある」と評価すれば自分の可能性を広げ、高い成果を上げることができます。

たとえば、

「自分はコミュニケーション能力が高い。誰とでもよい関係が築ける」と考えていれば、多くの人とのつながりをもち、幅広く活躍することができるようになります。

また、エフィカシーが高い人は、学習に多くの時間を費やし、高い成績を収めることがわかっています。

さらに、エフィカシーが高いと、ゴールに向かって行動することができます。最初の1歩を、スムーズに踏み出す勇気が出てきます。

その後、失敗や困難に遭遇しても、あきらめずに行動し続けることができます。「自分にはできる」という高い自己評価が結果をつくるのです。

エフィカシーは未来が決める

では、エフィカシーを上げるにはどうしたらよいでしょうか。

そのためには「意識くん」「無意識くん」を理解する必要があります。「意識くん」とは意識に上がってくる思考や判断の源で、自ら意識的にコントロール可能な自分自身です。そしてもう1つの、特に大切な「無意識くん」は、無意識下にあるため認識しにくいのですが、意識できない自分自身の思考や判断を行っています。「無意識くん」を、意識的にコントロールするのはほぼ不可能です。

フィードフォワードは「無意識くん」に重点的に働きます。意識は現在を生きているため、フィードフォワードをブロックする傾向がありますが、無意識はそうではありません。たとえば、フォワーダーから抽象度の高い話を聞いて、「へぇー、そんなことがあるのか」という程度の感想だったとしても、無意識くんは深い影響を受けています。

たとえば、「この間、クルーザーで海へ出てカジキを釣ったんだ。今度一緒に行こう」という誘いを受けたときに、意識のうえでは「そうか、行ってみたいな。でもちょっと緊張するな」というような反応かもしれませんが、その発言はじわじわ効いてきます。無意識では、たとえば、

「どういう海に行くのかな」

「カジキを釣るために何か準備が必要なのかな」

などと想像し始めたりします。これはいつの間にか、無意識が未来に向き、少しずつリアリティが高まっているからです。

フィードフォワードによって、レシーバーの「無意識くん」が変化しているのです。

2 フィードフォワードでエフィカシーを高める

レシーバーのエフィカシーを確認する

フィードフォワードは、エフィカシーを高めるために使える最良の技術の1つです。未来を意識し、未来に働きかけるうちに、エフィカシーは高まっていきます。

フォワーダーは、レシーバーの抽象度のレベルを意識します。

そのときに有効なのはセルフトークを観察することです。

セルフトークとは、自分で自分に語りかける言葉ですが、脳内に発した言葉がエフィカシーを高める「できる系のセルフトーク」なのか、エフィカシーを下げる「できない系のセルフトーク」なのか。どちらが多いかによって、エフィカシーは大きな影響を受けます。

当然、セルフトークを改善すればエフィカシーは上がります。

難点は、セルフトークは蓄積されているということです。仮に生まれてから30年間「できない系のセルフトーク」を繰り返していれば、その言葉たちは「無意識くん」のなかに溜まっています。セルフトークによって「無意識くん」がつくらされていると言っても過言ではありません。

その「無意識くん」が「湧き出し型のセルフトーク」の源です。

日々のセルフトークは改善することができても、これまでの人生で「できない系のセルフトーク」を繰り返していたら、圧倒的に「できない系」が多い状態になっています。

セルフトークについてはのちほど詳しく説明します。

エフィカシーを下げるお金のモノサシ

エフィカシーを下げる要因として、セルフトークのほかに3つのモノサシが影響を与えています。「お金のモノサシ」「時間のモノサシ」「他人のモノサシ」の3つです。

この3つのモノサシに縛られると「自分を信じる力」が大きく引き下げられます。

1つ目の「お金のモノサシ」にとらわれていると、エフィカシーは上がりません。お金持ちに会って気後れするのは、お金のモノサシにとらわれている証拠です。自分より体重が重い人に会っても気後れしないでしょう。自分よりたくさんビールを飲める人に会っても気後れしないでしょう。自分よりも何かをたくさん集めている人に会っても気後れしないでしょう。普通なら気後れしないはずなのに、お金をもっている人に会って気後れするのは、お金のモノサシにとらわれている証拠です。

「たくさんお金を稼いでいるほうが偉い」

「自分はお金がないからできないけれど、あの人はお金があるからできるんだ」

などと考え、「自分を信じる力」を弱めてしまいます。実はこの「お金のモノサシ」は、資本主義の社会ではかなり強烈なパワーがあり、多くの人を支配しています。

「お金のモノサシ」の支配から自由になるために、私は自分のクライアントには1万円札を破いてもらいます。

1万円札を破くことで、1万円札はただの紙であると認識できます。意識上ではその意味がピンとこなかった場合でも、無意識には大きな影響があります。自分がこだわっていたお金が「ただの紙」だったと無意識が理解すると、お金のモノサシは壊れ始めます。

「たくさんお金を稼いでいるほうが偉い」という考えが「充実した人生を送るためには、高い収入よりも、高いゴールが重要だ」という考えに変わっていきます。

時間が過去から流れているという思い込み

もう1つは「時間のモノサシ」です。時間が過去から流れているという思い込みです。

過去をベースに考えると、未来に高いゴールを設定するのが難しくなります。自分の実績に照らして考えてしまうと、高いゴールが絵空事のように感じられてしまいます。たとえば、「あのときのプロジェクトがうまくいかなかったから、いま会社で冷遇されている」などです。こういう考え方は「因果関係の呪縛《じゅばく》」と呼ぶべきものです。このマインドの状態で高いゴールを設定するのはなかなか難しいものです。

実際のところは、そのプロジェクトがうまくいっていたとしても厚遇されているかどうかはわかりません。人事には様々な要因が考えられます。

重要なのは過去ではなく未来のはずですが、時間のモノサシに縛られると、「以前失敗したから、今度も失敗する」

「大学入試に失敗したから、自分の人生はダメなのだ」

「幼い頃から親に否定されて育ってきたので、つい自分をネガティブにとらえてしまう」

などと考えます。

この考え方は、何も生まないのでやめたほうがいいと思います。

過去があったから未来があるのではなく、未来があるから現在があり、現在があるから過去がある、と考えたほうがはるかに実りある人生を生きることができます。

大事なのは「どうなりたいか」という未来の自分であり、脳に繰り返し刻み込むべきは、そうした「未来の自分」です。

イメージとしては、上からエスカレーターのステップが降りてくる光景です。慣れないうちは、こうしたイメージを繰り返し、頭のなかで思い描いてみてください。

そうすることで「時間のモノサシ」から解放されます。たとえば、

「以前失敗したから、今度も失敗する」⬇「今度はもっとうまくやろう」

「大学入試に失敗したから、自分の人生はダメなのだ」⬇「大学入試の失敗といまの人生は関係ない。それより新しいゴールを設定しよう」

「幼い頃から親に否定されて育ってきたので、つい自分をネガティブにとらえてしま

う」⬇「親には肯定してもらえなかったけれど、ゴールには関係ない」

などと書き換わっていくでしょう。

他人との比較は無意味なのだけど

最後は「他人のモノサシ」です。真面目な優等生タイプの人は「他人のモノサシ」に従って「～でなければならない」と考えます。ですが、他人と比較したら、自分のエフィカシーは下がります。

たとえば、「他人のモノサシ」に縛られている人は、

「ほかの人はできるけれど自分はできない」

「自分の考えを主張するのが怖い」

「流行の服を着ないといけない」

などと思います。何かにつけて他人と自分を比較して、そのたびに自分自身を傷つけていきます。

けれども、「自分を信じる力」の定義である「自己の能力に対する自己評価」を思い出してみてください。基準となるのは「自分」以外の誰でもないのですし、自己評

価は他人が決めるのではなく自分で決めるものです。

前述の思い込みも、

「ほかの人はできるけれど自分はできない」⬇「ほかの人と自分ではそもそもゴールが違う。自分は自分のゴールに向かって進めばいい」

「自分の考えを主張するのが怖い」⬇「言いたいことを我慢して生きるより、自分の考えをきちんと伝えるほうがストレスが少ない」

「流行の服を着ないといけない」⬇「着たい服を着よう」

などと書き換えることができます。

「無意識くん」から「他人のモノサシ」を外して、自分自身の頭で考えられるようになることで、「自分を信じる力」を高めることができます。

このように私たちを縛っている主要なものは、「お金」と「過去思考」、そして「他人との比較」です。これらを書き換えることができれば、「自分を信じる力」が一気に高まります。

3

セルフトークを制するものは人生をも制する

セルフトークは、1日に5万回以上。だから大切

前にもお話ししたように、フィードフォワードは自分にも他人にも行うことができるものですが、自分に行うフィードフォワードはすべて「セルフトーク」です。

このセルフトークは、「意識、無意識で自分に語りかける言葉」のことですが、それに伴う「思考」「映像」「感情」をも含んだものです。

私は「セルフトークを制する者は人生をも制する」と考えています。セルフトークがよくなれば、自信に満ちた人になることができます。

セルフトークは2種類あります。1つは「湧き出し型セルフトーク」、もう1つが「刷り込み型セルフトーク」です。

「湧き出し型セルフトーク」は沸騰しているお湯から気泡が湧き出るように、頭のなかでどんどん湧いてくるものです。「もう朝だ、起きなければ」に始まり、「ああ疲れた」と寝床に入るまで、実際に声に出さなくても、人間は無意識的なものを含めて、1日に5万回以上のセルフトークをしています。

レシーバーが望ましくない「湧き出し型のセルフトーク」をしていたら、フォワーダーはフィードフォワードで言い換えてあげて、レシーバーがよい「刷り込み型セルフトーク」を行えるように導いてあげます。

たとえば、

「前にもこういうことがありました。やっぱりダメだと思います」

とレシーバーが言っていたら、

「そうでしょうか？　何とかなるんじゃないですか？」

と言います。

「会社（学校）へ行くのが不安なんです」

と言っていたら、

「まあ、そういうものだよね、はじめてのことだから。ベストを尽くそう。何とかなるよ」

などと言います。

ミスが多いタイプはセルフトークから見直す

意識していなくても、セルフトークは脳内で発生し、自分のイメージやコンフォートゾーンを決め、さらにはパフォーマンスにまで影響を及ぼしています。

ミスをしたときに、「また失敗した。どうせ私はダメだ」と言っていると、パフォーマンスは一段と悪くなっていきます。

失敗しても前を向けるように、「次はどうしようか」という発言を習慣にできるように、セルフトークを見直していきます。

実は私たちのエフィカシーは、セルフトークによってつくり上げられていると言っても過言ではありません。そして、エフィカシーが十分に高まっていないと、現状の外側のゴールがちらっと頭をよぎったときに、気がつかずに素通りしてしまいます。無意識のうちに、「そんなことを実現するのは絶対無理」と判断してしまうため、ゴールやチャンスの存在に気づくことができないのです。

逆にエフィカシーが高まってくると、同じようなシチュエーションで現状の外側のゴールがちらっと見えたときに、「すごいゴールが発見できたかも⁉　ゴール設定してしまおう」というとらえ方ができるようになります。

自分のセルフトークを意識し始めると、ネガティブなものが多いことに気がつくかもしれません。そういうときは、ポジティブなセルフトークで上書きしていきます。

たとえば、何かがうまくいかなかったときには、

「今回は自分らしくなかったけれど、次は自分らしく○○しよう」

困難に直面したら、

「どうやったらできるかな?」

と自分自身にフィードフォワードをします。これは他者にも同じように使えます。

「今回はあなたらしくなかったけれど、次はあなたらしくいきましょう。どうしたらいいと思う?」

「どうやったらできるかな?」

と語りかけます。これを日々繰り返すのです。

このように伝えても、

「成功した自分をまったくイメージできない」

「この困難を乗り越えられる気がしない」

という人もいます。

これは過去の自分を基準にしているからです。時間は未来から流れていることを確認しましょう。ゴール設定によって、自分が実現させたいと思う未来に合わせたセルフトークをつくっていきましょう。

4 高いゴールを実現するために

「高いゴール」と「自分を信じる力」は車の両輪

フィードフォワードは自分のなかでも行います。

自信がないときに、

「私にできるだろうか」（湧き出し型セルフトーク）
⬇
「どうしたらできるだろう？」（フィードフォワード／刷り込み型セルフトーク）
⬇
「うん、できる」（フィードフォワード／刷り込み型セルフトーク）

という自問自答をすることができます。

あるいは、困難にぶつかったときに、

「できない」「寂しい」「もうやめてしまいたい」「帰りたい」（以上、湧き出し型セルフトーク）から、

「これからどうしようかな」（フィードフォワード／刷り込み型セルフトーク）

そして、

「できるかも」⇩「できる」⇩「きっとできる」（以上、フィードフォワード／刷り込み型セルフトーク）

と自分で自分にフィードフォワードをして「よし、やるぞ」となっていきます。

ある女性は「英語を駆使して海外でビジネスをしている」というゴール設定をしています。このとき「ホームシックになるかもしれない」「英語が身につかないかもしれない」などの思いがあるとしたら、まだ、エフィカシーが低いということになりま

す。逆に無意識レベルで、「英語を駆使して海外でビジネスをしている」ことを当たり前のこととらえられていて、「自分にはできる」と思えていれば、エフィカシーは高いということになります。

「高いゴール」と「自分を信じる力」は車の両輪です。２つが高まってくると自然にゴールに向かって進んでいきます。

エフィカシーの高め方

セルフトークのマネジメントが、エフィカシーを高めるためには有効です。

エフィカシーが低い人はネガティブなセルフトークが多いので、ネガティブな言葉を肯定的なものに変えていきましょう。

ネガティブな言葉をポジティブな言葉に置き換えていくことを習慣にし、よいセルフトークが大半になっていけば、自然とエフィカシーも高まっていきます。

過去の自分が生みだしたセルフトークを捨て去り、「ゴールが実現したときに脳が生み出しているであろうセルフトーク」で頭が満たされたときには、どんな夢でも実現できるほど高いエフィカシーを、自分のものとすることができます。

5 フォワーダーのエフィカシーの高さが大切

ネガティブな考えを一掃する

フィードフォワードを行う際、フォワーダーのエフィカシーはとても大切です。人は、ほかの人が目標を実現していく姿を見ることで「自分にもできるだろう」という自信をもつことができるからです。

エフィカシーは、1人1人がそれぞれのゴールに対してもつもので、他人と大小を比較するものではありません。ですが、フォワーダーが自分のゴールに対して極めて高いエフィカシーを維持していると、レシーバーも自分のゴールに対するエフィカシーのもち方を学ぶことができます。レシーバーの無意識がフォワーダーの脳の状態をコピーするからです。

エフィカシーが高い人に正しい方向性を示してもらうことで、「もし失敗したら」「自分にはきっと無理だ」といったネガティブな考えを一掃して、安心して行動することができるようになります。

また、エフィカシーを高めるには、アファメーションが有効です。

アファメーションというのは、「刷り込み型セルフトーク」の一種で、自分がなりたい姿を文章で表し、それを読み上げることで無意識に刷り込むためのものです。アファメーションは朝起きてすぐと、寝る前に（できれば声に出して）読むと、ゴール実現のスピードが一気に加速します。

【アファメーション文例】

・私は自分が心から望むゴールをたくさん掲げ、それらの実現を日々体感しながら、毎日幸せに暮らしている
・私は家族とともに健康に毎日を過ごしている

・私は高い意欲をもって日々向上しているため、次々と自分の目標を達成していて、自分のことが誇らしい
・私は大好きな友人たちに囲まれて、幸せな日々を過ごしている

エフィカシーとゴールは同時に高まる

エフィカシーとゴールは車の両輪なので、ゴールが上がるとエフィカシーも上がり、エフィカシーが上がるとゴールも上がるという関係にあります。

本書では、コンフォートゾーンの移行を中核とすることを前提に、ゴール、エフィカシーと順番に説明していますが、ゴールの設定、コンフォートゾーンの移行、エフィカシーの向上は、実は同時に起きます。

前述の女性が、スイスで「英語を話せたらいいな」とゴール設定したとき、その時点で彼女のエフィカシーは上がっていました。

彼女はジュネーブのカフェで隣に座っていた外国人に、「荷物を見ていてほしい」と頼まれました。話しかけられたときに「トイレット」と「ラゲージ」という言葉が

聞き取れ、「ああ、トイレに行く間、荷物を見ていてほしいのか」とわかったのです。彼女はコミュニケーションがとれたことに自信をもちました。

さらに、フランス語で書かれたメニューも、たどたどしい英語ながらやりとりして、何とか注文できました。

これらがきっかけでエフィカシーが上がり、「私ならできる」と思うようになりました。その瞬間にドーパミンが出て、学んでいる自分の姿、その後で流暢《りゅうちょう》に会話をしている自分の姿が同時に頭に浮かびました。そして、突き動かされるように英語のスクールに通い始めました。

ロボットづくりに目覚めた少年も、ロボットクリエイターが中学生の頃に何をしていたかを聞いたことで「自分にもできる」と思うようになり、一気にゴールを目指すようになったのです。

6 「人を巻き込み動かす力」を身につける

人を巻き込み動かす力

これまでお話ししてきたように、第1の力が「未来を視る力（＝ゴール設定）」、第2の力が「自分を信じる力（＝エフィカシー）」でした。第1の力と第2の力は認知科学に基づいて抽出された最重要な力ですので、この2つが高まれば、どんなことでも実現できます。上級フォワーダーにはしっかりと理解していただき、ぜひ使いこなしていただきたいと思います。

ただ、第1の力と第2の力が十分に高ければどんなことでも実現できるのは間違いないのですが、いざやってみると、「ビシッとゴール設定をして」「高いエフィカシーを維持する」のがなかなか難しいことがわかります。

そのため私は、「1人ではなく仲間と一緒に進むこと」、あるいは「すでに高いエフィカシーをまとった人たちでつくられたコンフォートゾーンによじ登ること」などを含んだ新しい方法を開発し、それを第3の力、「人を巻き込み動かす力」と呼んで活用しています。

あなたの周りに、

「あの人自身はそこまでの能力をもっているとは思わないけれど、周りの人に引っ張り上げられて結果を出しているな」

という人がいませんか。これまで大勢の人に同じことを聞いてきましたが、誰の周りにもそういう人が1人か2人はいるようです。人当たりのよさで出世してしまう人などがそうでしょう。何も悪いことではなく、そういう人は、この「第3の力」が強いために、周囲の人に引っ張り上げられ、いつの間にかゴール設定の力（第1の力）とエフィカシー（第2の力）も高まっていきます。

7つの力とフィードフォワード

ゴールを実現するためには、適切なゴール設定と高いエフィカシーが必要で、その結果として起きることは、コンフォートゾーンの移行です。ですが、前にもお話しした通り、ゴール設定はなかなか難しく、エフィカシーも意外に上がらないものです。そこで、逆転の発想で、先にコンフォートゾーンを移行させてしまうことで、ゴール設定の力とエフィカシーを引き上げてしまおうというのが「第3の力」、つまり「人を巻き込み動かす力」です。

人を巻き込み動かす力は7つの力に分かれています。

この7つの力はそれぞれフィードフォワード思考を前提としています。

①出会う力…自分が目指しているゴールの世界の住人と出会う力

ゴールを設定し、「そのゴールの世界こそが自分のコンフォートゾーンだ」と脳が認識すると、自分がどういった場所に顔を出せばいいか、どんな洋服を着たり、どんな食事をしたりしたほうがいいか、どんな自己紹介をすればいいか、などを「無意識くん」が教えてくれるようになります。また、フィードフォワードによって未来を意識することで、ゴールの世界がよりはっきりと見えるようになります。ゴールの世界の住人と出会うことそのものも、未来への働きかけです。

「ゴールの世界の住人に会いに行く」というと、ゴールが高いほど、その場所にいる人に会いに行くのはハードルが高いように感じてしまうかもしれませんが、これは実際、すでに成功している多くの人たちがごく普通にやっていることです。

②つなげる力…ゴールの世界で出会った人に誰かをつなげて、ゴールの世界に根をおろす力

ゴールの世界に足を踏み入れた当初は、まだ背伸びをしている状態です。その世界を確固たる自分の「コンフォートゾーン」にするには、そこに定住できるよう、何らかの形での貢献が必要です。「貢献したい」という気持ちがあれば、きっと何らかの方法が見つかるはずです。特に効果的なのは、「ゴールの世界の住人」にあなたが信頼し、尊敬する人を紹介することです。

コンフォートゾーンは「人」でできている度合が高いので、「ゴールの世界のコンフォートゾーンの住人」にあなたが知っているすばらしい人を紹介することで感謝されるようになります。誰かに誰かを紹介するときには、双方の未来につながるような引き合わせ方をしますが、このアプローチはフィードフォワード思考そのものです。もちろん、自分のメリットは少しも考えずに、相手のことだけを考えるのが、フィードフォワードの基本です。

③信頼される力…自分が行っていること、話していることに対して確信をもつ力

「信頼される」ためには、「自分を信じる力」が鍵を握ります。自分の言葉に100％の確信をもてるところまで「無意識くん」を研ぎ澄まします。自分がやっていること、話していることを信じ切って、一点の迷いも曇りもないところまで「無意識くん」を高めれば、「ゴールの世界のコンフォートゾーンの住人」にも自然と信頼され、尊敬されるようになります。「無意識くん」を高めるためには、自分の未来を信じる必要があります。フィードフォワードを続けていると、自分の未来を信じる力は高まっていきます。

④推薦される力…紹介されやすいシンプルな表現で自分を表し、ゴールの世界で推薦されるようになる力

「ゴールの世界のコンフォートゾーンの住人」に信頼されるようになると、「何て言ってあなたのことを周りに紹介すればいい？」と聞かれるようになります。このときに、自分がどんな人物なのか、どんなことができるのかをシンプルに表現したタグがあるとスムーズです。一言であなたを表すタグはありますか？　そのタグは、未来の「なりたい自分の姿と、そのときの周囲の状態」からつくるのが望ましいです。

タグづくりは「私はどうなりたいんだろう?」というフィードフォワードから始まります。

⑤伝える力…「未来を視る力」と「自分を信じる力」を研ぎ澄まして、「無意識くん」同士のコミュニケーションで自分の考えを伝える力

人間関係をしっかりと構築した後、フィードフォワード思考で自分のゴールについて伝えます。あなたの「無意識くん」が、ゴールの世界を自分のコンフォートゾーンであると確信していれば、自然と相手の「無意識くん」にあなたが目指している方向が伝わります。「未来を視る力」と「自分を信じる力」を高めておくことが重要です。

⑥植える力…相手が自ら決められるように、情報を押しつけず、少しずつ伝える力

相手が意識的に理解するために、言葉で「伝える」ことが重要になります。そのとき大切なのは「押しつけないこと」です。「押しつけられる」と、どんなにいい話であっても「無意識くん」は反発します。望ましいのは、あえて情報をばらし、かつ、空白をつくることです。すると聞き手の「無意識くん」が、聞いた内容を元に自発的に情報を整理し、その空白を埋めようとします。その結果、当初あなたが伝えたかったことを、いつしか自分のアイディアとして考えるようになります。「押しつけない」「情報を少しずつ」を忘れずに、自分なりの方法を見つけてみましょう。情報は、未来に向けてフィードフォワードをしながら植えていくと、より深く確実に相手に届きます。

⑦育てる力…伝えた情報が相手に忘れられないようにリマインドする力

種や苗を植えたら、水や肥料をやり、見守ります。折に触れてリマインドしなければ、あなたという存在やあなたの夢は簡単に忘れられてしまいます。会って話す、電話をする、手紙を送る、メールをする、SNSを活用するなど、いろいろな方法があります。このときのコミュニケーションも、常にフィードフォワードで行います。フィードフォワードによって常に前向きなリマインドとなります。

リマインドを続けていると、「あなたがやりたがっていることについて詳しい人がいるから紹介しますよ」「こういう情報がありますよ」などと周囲の人が、あなたのゴールの達成のために、自然と動いてくれるようになります。

おわりに

最後までお読みいただきまして、ありがとうございました。

私が、フィードフォワードを「世の中に広め、定着させよう」と思ったのは7年前のことです。そうすることによって多くの人が圧倒的な成果を上げ、しかも心からの幸せを感じることができるようになると確信したからです。

本文で述べた通り、この技術で家族の病気を治せたことは私にとって大きな転機になりました。

フィードフォワードをある程度自分のものにしてから、独立を志して3年間準備し、その後に独立、現在に至っています。初期の頃から大勢のクライアントに支えられ、実績を上げながら、私の理解も技術も進化してきました。

私はプロコーチとして活動していて、事業としてはコーチングの会社を経営しています。様々な技術のなかで最も多く使ったのは「フィードフォワード」です。「ゴール設定」や「アファメーション」も使いましたし、「セルフトーク」のマネジメントにも力を入れましたが、一番多く使い、一番効果を発揮したのが「フィードフォワード」でした。

実は、コーチングのすべてのコンセプトは、一滴の「フィードフォワード」に凝縮されています。

「これからどうしたいのですか?」というフィードフォワードの一言に、「ゴール設定」も「エフィカシー」も「セルフトーク」も「アファメーション」も全部入っているのです。

このことに気がついたとき、大変な衝撃で思わず「うわー!」と叫んでしまいました。

「フィードフォワード」という技法は、簡単で誰にでもできるものです。そして、大変伝染性があるため、誰もが真似することができるものです。実際、使ってみると、とても効果があるので、皆さん、つい自分でもやってみたくなるのです。

合言葉は「未来から考えよう」です。

フィードフォワードは、自分にも周囲の人に対してもポジティブな影響を与えます。

最初は、自分以外の誰かにフィードフォワードを行うことから始めるのが一般的です。

そして、相手の心のなかに未来思考という姿勢が生まれます。

面白いことに、誰かにフィードフォワードをしていると、同時進行で自分のなかにもフィードフォワード思考が定着していきます。

そして、ひとたび自分のなかにフィードフォワード思考というOSがインストールされると、自動的に未来を意識し、未来に働きかけ、ゴールに向かっている自分になります。

このとき、あなたはすでに変わり始めています。

第1章でフィードフォワードによってビジネスコンテストで優勝した方のことをお話ししました。実は、あの方が私のフィードフォワード・セッションを受けていたのは途中までです。最後のほうは完全に自走できるようになりました。

結婚しようか、自分の仕事に邁進《まいしん》しようか、悩んでいる女性がいました。その女性にフィードフォワードをしていると、

「結婚します。ハワイに行きます」

とあっという間に決断し、移住してしまいました。

ハワイで結婚し、1、2年子育てをした後、今度は「ハワイは刺激が少ないから日本に戻ることにしました」と言って、ハワイ人の夫とともに日本に帰ってきました。

彼女は自分の力でどんどんコンフォートゾーンを変えていっています。

これこそフィードフォワード思考の力です。

「私は次に何をしたいの？」

「そうだよね。それにはどうすればいい？」

「そうだよね、じゃあやってみよう」

という問いかけや対話が身につき、自分のゴールに向かって歩いているのです。

これは、一度身につけると生涯にわたって使っていける考え方と技術です。

未来を意識し、未来に働きかける。

それだけであなたと、あなたの周囲の人の人生は大きく変わり始めることでしょう。

謝辞

本書の出版にあたりましては、フォレスト出版の太田社長、杉浦彩乃さんに大変お世話になりました。誠にありがとうございました。特に編集者の杉浦さんには「フィードフォワード」という新しいコンセプトを世に出すために、多大なるご尽力をいただきました。心より感謝申し上げます。

また、執筆及びアイディアの深掘りにあたって、橋本淳司さんのお力添えをいただきました。誠にありがとうございました。

本文中でも何度かお話ししましたが、「フィードフォワード」は、私がかつて苫米地英人博士から学んだ知識や技術と、私の人生経験、ビジネス経験を掛け合わせてつくり上げたものです。苫米地先生のおかげでここまで来ることができました。いつも温かいご指導をいただきまして、心より感謝しております。

そして、日頃から支えてくださっている家族、クライアントの皆さま、友人、ビジネスパートナーの皆さん。いつも本当にありがとうございます。皆さんのおかげで、私は毎日楽しく過ごし、次々と新しいことに挑戦することができています。今後ともどうぞよろしくお願いいたします。

最後になりましたが、ここまで読んでくださった皆さまへ。今回、「フィードフォワード」というコンセプトを世の中に出すことができて、大変うれしく思っています。これから、皆さまの力をお借りしながら、「フィードフォワード」を大事に育てていきたいと考えています。今後とも、どうぞよろしくお願いいたします。

フィードフォワード実践トーク事例

ここからは、フィードフォワードの事例をご紹介します。フィードフォワードをしたい相手（レシーバー）に対してはもちろんですが、自分自身に対しても使うことができます。

▼不安、心配を訴える人へ

「発表会（試験、プレゼンテーション、スピーチなど）ちゃんとできるかなあ？」

⇩「緊張するね。どうしたら安心してできるかな？」

⇩「どんな準備をしたらいいかな？」

▼残念がったり、がっかりしている人へ

「あーあ、負けちゃった」

⇩「残念だったね」

⇩しばらくして（内容と状況によって期間は、数時間、数日、数週間、数か月とそれぞれ）「これからどうしようか？」

▼「失敗したー！」と訴える人へ

⬇「ドンマイ、ドンマイ。次、次！」

⬇「こういうのがあるから面白いよね」

▼怒ったり、腹を立てている人へ

「何だよ、あの車。割り込んで！」（運転中）

⬇「危ないね。こっちは安全に運転しよう」

「何だよ、ぶつかって来て！」（電車のなか、駅のホーム、道路など）

⬇「乱暴だね。さ、この後は何があるんだっけ？」

相談例

▼キャリア

シーン1

きちんと仕事をして、それなりの成果を上げているのになぜかちっとも昇進しない。しかも後輩のなかで自分よりも上に上がっている人がいる。どうしたら昇進できるんだろう？　このままどんどん抜かれていくんだろうか？　この仕事を続けていって未来はあるんだろうか？

「たしかに、成果を上げているけれど、思い通りにいかないことってありますよね。**これからどうしていきたいかですよね。どうしていきたいか、ある程度定まっていますか？　やっていきたいこと、そしてできることに目を向けていきませんか？**」

シーン2

社内の男性と同じ、もしくはそれ以上に仕事をして成果を上げている自信はあるけれど、女性はどうしてもハンデがある。目に見えない男女差別、家事や子育ての負担、体力的なハンデなど。仕事も家庭も大事にしたいけれど、どうしても時間が足りないし、体力もついていかない。いつも追い込まれた気持ちで過ごしているので、家族や部下にも当たってしまって反省ばかり。

「たしかにまだまだ女性には不利ですよね。そんななかで対等以上に活躍されていてすごいです。

これから本当にやりたいことは何ですか？

まだまだいけると思いますので、**これからどうするかを考えてみませんか？**」

▼起業

シーン3

いつか起業したいと思っていたけれど、思い切れなくてこの歳になってしまった。もちろんいまからでもチャレンジしたい気持ちはあるけれど、リスクを考えると踏み出すのは難しい。

「そういうものだと思います。**実際のところ、どうしたいですか？**

きちんと準備をしさえすれば、起業を含むどんなことだってできると思います。**多少時間はかかるとしてもやってみたいと思いますか？**

もちろんよく言われますが、起業をゴールにするとうまくいきませんので、起業して何をしたいかが大事ですよね」

▼マネジメント：悩める上司

シーン4

①モチベーションが低い部下がいて対処に困っている
②年上の部下とどのように付き合えばいいかわからなくて困っている
③やる気はあるが能力が上がらない部下がいてどうしたものかと困っている

●部下をもつマネージャー／管理職／リーダーへのアドバイス

「部下を1人でももつのは大変なことです。

大事なのは、**❶部下の成長、成功を願い、❷しっかりと話を聞いてあげる**ことです。

そのうえで、**❸未来に目を向けられるようなフィードフォワード**をしてあげれば、自然に伸びていきます。年上の部下でも同じことです。

もちろん、土台となる信頼関係を築くことがとても大事です」

◆具体的な悩み

①モチベーションが低い部下がいて対処に困っている

①本人が、自分のモチベーションの低さを自覚している場合

⬇「ゴール設定／ターゲット設定」を調整すれば、すぐに元気になる

「本当はどの方向を目指していきたいのですか？

そのために私にできることがありますか？」

②本人が、自分のモチベーションの低さを自覚していない場合

⬇その状態がコンフォートゾーンになっているので、「コンフォートゾーンを揺さぶる」ことで変化を起こす

「安定軌道に入ってしまっているようですが、気がついていますか？

今の状態を続けると、どんな未来になると予想していますか？

現状から抜け出すために、普段、体験しないことをやってみて、慣れ親しんだ現状を少し揺さぶっていきましょう／慣れ親しんだ現状に、少し刺激を与えてみましょう」

②年上の部下とどのように付き合えばいいかわからなくて困っている

⬇感謝を伝え、また、その人の成功を心から願っていることを伝える

「いつもありがとうございます。

これから○○さんが活躍されるために、私に何ができるかを考えさせていただきたいと思いますので、**ぜひ○○さんが目指している方向を教えてください**」

③やる気はあるが能力が上がらない部下がいてどうしたものかと困っている

⬇能力不足は自覚してもらったうえで、どうやってスキルを高めるかについて話し合う

「情熱は素晴らしいです。あとはスキルの方を高めていきましょう」

「**どうやってスキルを高めていったらいいでしょうね？**」

シーン5

▼ゆとり世代

●ゆとり世代の傾向

・物欲・権力欲が弱い
・競争回避
・情報に影響されやすい
・失敗回避

●フィードフォワードを行うに当たっての考え方

①いまいる位置＝「現在地」を知る。高く見積もる傾向があるので、現実に目を向けるように促す
②フィードフォワードによって未来に目を向けながら、1歩ずつ未来を考えるキャパシティを広げていく
③ゴールから考えることの重要性も伝え、徐々に大きなゴールをもてるようにサポートする

「**まず、何をしたいかを考えてみてくれないかな。**
これを『目的地』と呼ぶとして、**次にいまいる位置の確認もしよう。**
それを『現在地』と呼ぶ。

『現在地』と『目的地』のギャップがエネルギーを生むので、**しっかりと「現在地」を押さえたうえで、できるだけ未来に目を向けて、何をしたいのかを考えてみる必要があると思うよ。**

いま、何ができるかを考えてみるといいね」

▼友人との比較

シーン6

仕事もプライベートも順調そうな学生時代からの友人がいる。いろいろうまくいってほしい気持ちはあるけれど、たまに会うと自分と相手との差を感じてしまって落ち込む。そのうえ、時々つい意地悪なことを言ってしまって、さらに落ち込む。これからどんどん差が開いていくのかと思うと、あきらめのような焦りのような気持ちに駆られる。

「私も同じような状況で焦ったり、不安になったりしたことがあります。意地悪な自分がいることに気がついて落ち込みました。

でも、それはそうと、これからどうしましょうか。

相手のことを気にしてもどうにもならないので、**とりあえず自分にできることを考えてみませんか？**」

▼孤独

シーン7

新しい土地に引っ越して、仕事を辞めて子育てをしている。まだ知り合いも少なく、悩みがあっても相談できる相手がいなくて、1人で抱えてしまう。夫は仕事が忙しくてあまり話を聞いてくれない。

「それは寂しいですね。その状況だったら私も不安になると思います。**どうなったら気楽になりますか？** 旦那さんに聞いてほしい、気軽に話せる知り合いがほしい、仕事をしたい、などいろいろな方法があると思います。**まず、どうなったら嬉しいかを考えてみませんか？**」

▼家族

シーン8

離れて暮らしている母親が高齢で1人暮らしなので心配だけれど、土地に愛着があるため、こっちに来て一緒に暮らすのは嫌がっている。妻（夫）も、親との同居に乗り気じゃないので、この話題になるとたいてい喧嘩《けんか》になってしまう。自分もいまの仕事のままでいいのかわからないし、実際、ほとんど昇給もしないし、将来への不安はたくさんある。

「そうですか。お母さんのことが心配ですね。
本音はどうしたいと思っていますか？
お母さまご自身、そしてご夫婦のお考えはいかがですか？
何がいいかを考えながら、少しずつ進んでいく必要がありますね」

▼子どもの教育

シーン9

うちの子は勉強が好きじゃないようで、家ではほとんど机に向かわない。当然成績もあまりよくない。勉強ばかりが大事ではないのはわかっているし、いましかできないことを一生懸命やるのを応援したいけれど、将来後悔しないようにしてあげたい。少なくとも自分はもう少し勉強すればよかったと思うし、親も、勉強するように言ってくれたらよかったのに、と思うことがある。実際、どうしたらいいんだろう。

「たしかに悩みますね。

まずは、**これからどうなってほしいか、どうしてあげたいか、だと思います。**

そして、**本人が自分はこれからどうしたいか、について自分で考える力を身につけられるようにサポートしてあげる**ことが大事だと思います。

お子さんだけでは見えないこともありますので、両親がサポートしてあげて『未来を視る力』を養ってあげることだと思います」

用語集（五十音順）

用　語	説　明
意識くん	意識に上がっている思考や判断の源で、自ら意識的にコントロール可能な自分自身
植える力	相手が自ら決められるように、情報を押しつけず、少しずつ伝える力
Want-to	「〜したい」と自分が心から望むこと、あるいはその状態
エフィカシー	自己のゴールの達成能力の自己評価。言い換えると、「自分ならできる」と思う度合いのこと
お金の モノサシ	お金には絶対的な価値があるとする（望ましくない）価値観、考え方
ゴール	個人や組織が目指しているもの／こと。目的地
ゴールド ビジョン® ＝GV	"GOLD VISION" と "GOALED VISION" をかけ合わせた造語。すでに実現されたかのように感じられるようなゴール（ゴールドビジョン）を設定できれば、それは実現するという概念。3つの力を高めることでゴールドビジョンの効果を最大限に活用することができる
ゴールド ビジョン® マトリクス	「こと軸」×「やる軸」の2つの軸で自分の「いま」を知り、どのような順番で力をつけていったらよいかが明確になるマトリクス
ゴールド ビジョン® メソッド	ゴールドビジョンを実践するための具体的方法論
コンフォート ゾーン	自分にとって慣れ親しんだ状態。英語の Comfortable という言葉が語源だが、「快適」とは限らない。脳にとって慣れた状態のことを指す。物理的な場所だけでなく、頭のなかで思い浮かべる情報的な「場」を含む。私たちは、コンフォートゾーンのなかにいるときに最も力を発揮できる

用　語	説　明
コンフォートゾーン酔い	適切なゴール設定のもとでゴールの実現に向けて着実に歩み始めた段階で、無意識が引き起こす揺り戻し。ゴールの実現を望んでいるのにもかかわらず、そのゴールが大したものではないように感じたり、体調が優れなくなったり、周囲との不和を起こしたりして、ゴールを諦める理由をつくったりする、無意識の作用
時間のモノサシ	時間は過去から流れてくるもので、未来は過去と現在の延長線上にあるととらえる（望ましくない）価値観、考え方
自己イメージ	「自分はこういう人物だ」という、「意識」及び「無意識」での認識のこと。エフィカシーとセルフ・エスティームを含む概念
思考のクセ	社会的思い込みである「3つのモノサシ」で考えてしまう傾向
情報空間	五感でキャッチした情報を脳が処理することによって生まれる、1人1人の脳や心に存在する世界／空間
信頼される力	自分が行っていること、話していることに対して確信をもつ力
推薦される力	紹介されやすいシンプルな表現で自分を表し、ゴールの世界で推薦されるようになる力
すごい軸	「現状の外にゴールを設定する」という軸
スコトーマ	心理的盲点。重要度が低いために、RASによって認識できなくなっていること、及びその状態
刷り込み型セルフトーク	自分の無意識に影響を及ぼそうとして、意識的に自分自身に語りかける言葉のこと

用　語	説　明
セルフ・エスティーム	自分の価値の自己評価。現在のポジションに対する自己評価など、過去の成果によって確立された自己評価のこと
セルフトーク	自分で自分に話しかける言葉。言語とともに想起されるイメージをも含んでセルフトークとして扱う
育てる力	伝えた情報が相手に忘れられないようにリマインドする力
第1の力:未来を視る力	ゴールドビジョンをもち、その世界に臨場感を感じる力
第2の力:自分を信じる力	「自分ならできる」と心から確信する力＝エフィカシー
第3の力:人を巻き込み動かす力	「信頼を得て応援される力」と「ゴールドビジョンに共鳴してもらう力」
たくさん軸	「人生の各方面にまんべんなくゴールを設定する」という軸
ターゲット	短期目標。具体的に達成すべきこと
他人のモノサシ	他人からの評価をもとに自分自身への評価を決めるという（望ましくない）価値観、考え方
抽象度	概念に階層性がある前提で、その概念を定義する情報量の大小の度合いのこと。おおまかには抽象化の程度のこと。物事を見る視点の高さとも言える

用　語	説　明
伝える力	「未来を視る力」と「自分を信じる力」を研ぎ澄まして、「無意識くん」同士のコミュニケーションで自分の考えを伝える力
つなげる力	ゴールの世界で出会った人に誰かをつなげて、ゴールの世界に根をおろす力
出会う力	自分が目指しているゴールの世界の住人と出会う力
ドリームキラー	ゴールの実現を阻もうとする存在。最大のドリームキラーは自分自身であり、その次に家族など身近な存在がドリームキラーとなりやすい
認知科学	脳がどのようにして知覚し、情報を処理するかを探求しようとしている学問。心理学、機能脳科学、分析哲学、人工知能研究などと近接している
Have-to	「～しなければならない」「～するべきだ」と考えていて、自分が心から望んでいるわけではないこと、あるいはその状態
バランスホイール	各方面に複数のゴールをもつことを意識するためにつくる円状の図のこと
ビジュアライゼーション	視覚化、映像化すること。ただし、フィードフォワードでは、視覚以外の五感情報（音、匂い、味、感触）も含んでビジュアライゼーションを活用する
フィードフォワード=FF	過去や現状にとらわれてしまいがちな人に対して、コミュニケーションや観察を通して相手の状況を把握し、相手に起きている出来事やそれにともなって体験している感情を受け止めたうえで、その人が自分の未来に意識を向けて行動できるように促す技術のこと

用　語	説　明
「フィード フォワード」→ 「アクション」 （FFA） プロセス	「ゴール設定」を起点とした「フィードフォワード」が「アクション」をひらめかせ、同時に「無意識の振り返り」によって「ゴールの再設定」と「アクションの修正」が引き起こされる『未来思考型の意思決定／行動決定プロセス』。中長期FFAでは「フィードフォワード」のなかに「ゴール設定」と「無意識の振り返り」が内包され、短期FFAでは「フィードフォワード」のなかに「ターゲット設定」と「無意識の調整」が内包される
フィード フォワード・ セッション	フィードフォワードが行われる場のこと
フィード フォワード思考 ＝FF思考	過去よりも未来に目を向け、その未来に働きかけることでより多くの価値を生み出すことができるとする考え方
フィード フォワード・ ミーティング＝ FFミーティング	フィードフォワード思考で行うミーティング。参加者が積極的にフィードフォワードを行うことで、新しいアイディアを出したり、既存の問題の前向きな解決を図っていく。「無意識の振り返り」「無意識の調整」を意識に上げることで、具体的な解決策の検討まで行うことも可能
フィード フォワード面談 ＝FF面談	フィードフォワードを行う個人面談。上司と部下、教師と生徒などの間で行われる
フォワーダー	フィードフォワードを行う人
物理空間	五感で体感できる世界／空間
ホメオスタシス （恒常性 維持機能）	生体が心身の状態を一定の範囲内に維持しようとする、生得的に備わった機能、特性のこと。例：体温を一定に保とうとして、汗をかいたり、体が震えたりすること。ゴールドビジョン®では、ホメオスタシスは物理的空間だけではなく、情報空間にまで広がっていると考えている

用　語	説　明
未来思考	未来を基準に時間をとらえること。端的に言うと、未来を決めると、その未来がやってきて実現するというように物事をとらえること
無意識	意識に上がっている以外のすべてを指す
無意識くん	無意識下にあるために認識しにくい／できない自分自身の思考や判断を行っている、意識的にコントロールすることがほぼ不可能な自分自身
やりたい軸	「自分が心からやりたいことをゴールにする」という軸＝Want-to
ユー・セルフトーク	「君ならできる」「あなたならできる」「お前ならできる」と自分自身に語りかける刷り込み型のセルフトーク
RAS（網様体賦活系）	人間が常にさらされている大量の情報のなかから、どの情報を意識に上げ、どの情報を無意識に留めるかを選択的に決定する、脳内に存在するフィルターの役割を果たすメカニズム
臨場感	その空間にあたかも身を置いているかのような感覚
レシーバー	フィードフォワードを受ける人
湧き出し型セルフトーク	無意識から湧き出てくるセルフトーク。言葉だけでなく、映像やイメージ、感情などを含む
1ON1	1対1で行う面談

[著者プロフィール]

久野和禎（Kazuyoshi Hisano）

コノウェイ株式会社 代表取締役社長、プロコーチ、講演家、一般社団法人フィードフォワード協会代表理事、一般社団法人コグニティブコーチング協会副代表、一般社団法人国際営業代行協会理事、テンプル大学講師（認知科学、コーチング）

1974年生まれ。東京大学経済学部卒業。筑波大学MBA（International Business専攻）。幼少期をアメリカ・サンフランシスコ、中学高校時代をイギリス・ロンドンで過ごす。大学卒業後に起業、2社を並行して経営した後に人材系企業を経て、複数の外資系大企業で多様なマネジメントポジションを担う。

タイコエレクトロニクス（アメリカ）にてファイナンス及びマーケティングマネージャー、フィリップス（オランダ）にて経営企画、組織変革推進、営業企画、ロジスティクスの各分野の部門責任者及び新規事業の立ち上げ、さらにビューローベリタス（フランス）にて営業部長を担当。

その後、ProFuture株式会社（旧HRプロ）の常務取締役兼COOを経て、2015年12月にコーチングを軸としてコンサルティングを加えたサービスを提供する総合経営支援企業、コノウェイ株式会社を創業、代表取締役社長に就任。

認知科学を基礎とした最先端の「コグニティブコーチング™」を習得し、自社ブランドの「CEOコーチング®」及び「ゴールドビジョン®メソッド」の普及を行っている。また、コグニティブ・コーポレート・コーチング™の発起人であり、認知科学者の苫米地英人氏の右腕としてこのプログラムの開発及び普及活動に尽力している。

大手から中堅中小まで、様々な規模の会社の社長・経営者、さらにはサラリーマンやOLまで、幅広い対象のクライアント層に対してコーチングを行っており、グループ、マンツーマンで数千人に対してのコーチング実績を有する。企業に対しては、個々の強みを生かしながら、組織にハイパフォーマンスカルチャーを醸成・定着させることを得意としている。

著書に『思い描いた未来が現実になる　ゴールドビジョン』（PHP研究所）、『「組織が結果を出す」非常識でシンプルなしくみ』（共著、開拓社）がある。

保有コーチングライセンス
- 一般社団法人コグニティブコーチング協会認定　コーポレートコーチ／上席講師
- 株式会社苫米地ワークス認定　苫米地式コーチング認定コーチ
- Tomabechi Institute認定パフォーマンス・エンハンスメント・コーチ（タイスコーチ）
- BWF認定　PX2公式ファシリテーター

オフィシャルサイト
http://kazuyoshi-hisano.net

編集協力／Bullet Thinking
装丁／井上新八
本文デザイン／松好那名（matt's work）
本文DTP／山口良二

いつも結果を出す部下に育てるフィードフォワード

2018年 7月18日　初版発行
2025年 4月24日　5刷発行
著　者　久野和禎
発行者　太田　宏
発行所　フォレスト出版株式会社
〒162-0824　東京都新宿区揚場町2-18　白宝ビル7F
電話　03-5229-5750（営業）
03-5229-5757（編集）
URL　http://www.forestpub.co.jp
印刷・製本　日経印刷株式会社

©Kazuyoshi Hisano 2018
ISBN978-4-89451-989-3　Printed in Japan
乱丁・落丁本はお取り替えいたします。

フォレスト出版の好評既刊

たった1分で相手をやる気にさせる話術 ペップトーク

浦上大輔 著　定価1540円⑩

アメリカで生まれた「不安や緊張」を消し、やる気に変えさせる話し方

良かれと思っての言葉がけが、ときに否定的な注意やアドバイスになってしまうことがあります。ペップトークは、相手の感情に寄り添った言葉がけをすることにより、相手が信頼を寄せ、より良い人間関係も構築することができるもの。あなたもペップトークを使って、言葉の力を感じてみてください。

フォレスト出版の好評既刊

最高の
結果を出す
KPIマネジメント

中尾隆一郎 著　定価2200円⑩

一番売れてるKPIの本！
熾烈なビジネスの現場で
磨き込まれた実践書

数字でビジネスを最大化し続け、２兆円企業となったリクルートで11年間KPI社内講師を務め、自身も実績を挙げ続けてきたKPIマネジメントのプロフェッショナルが徹底した現場主義の使えるKPIマネジメントを初公開！

FREE!

『いつも結果を出す部下に育てるフィードフォワード』無料プレゼント

1 バランスホイール・シート PDF

最適なゴールを設定するために、本書で紹介しているバランスホイールをつくるためのスペシャルシート。個人ではもちろん、家族やチームメンバーのみなさんと取り組んでみてください。

2 著者が解説！「フィードフォワードとフィードバックの違い」 動画ファイル

本書の著者・久野和禎氏自ら出演する貴重なオリジナル動画。エグゼクティブ専門コーチの明快な解説をお楽しみに！

3 著者が解説！「PDCAよりFFA」 動画ファイル

今流行りのPDCAはなぜ思うように機能しないのか、成功者はなぜPDCAではなくFFAなのか、久野氏がお話しします！

4 公開！著者によるフィードフォワード・セッション 動画ファイル

実際にフィードフォワードはどう行われるのか、フィードフォワードの開発者である久野氏が実際にセッションする様子を公開します！

この無料プレゼントを入手するにはコチラへアクセスしてください

http://frstp.jp/ffw

※特典は、ウェブサイト上で公開するものであり、冊子やCD・DVDなどをお送りするものではありません。

※上記無料プレゼントのご提供は予告なく終了となる場合がございます。あらかじめご了承ください。